ISBN 978-0-364-28316-5
PIBN 10999109

Historische Bibliothek.

Herausgegeben von der

Redaktion der Historischen Zeitschrift.

— · —

Achter Band:

Sokrates und sein Volk.

Von

Dr. Robert Pöhlmann,

ord. Prof. der alten Geschichte an der Universität Erlangen

München und Leipzig.

Druck und Verlag von R. Oldenbourg.

1899.

Sokrates und sein Volk.

Ein Beitrag

zur Geschichte der Lehrfreiheit.

Von

Dr. Robert Pöhlmann,

ord. Prof. der alten Geschichte an der Universität Erlangen.

München und **Leipzig.**

Druck und Verlag von R. Oldenbourg.

1899.

Greek Sather

Inhalts-Verzeichnis.

Erstes Kapitel.

Individualität und Massengeist in der Epoche der Vollkultur.

Nichts wirft wohl ein trüberes Licht auf die innere Zer=
rissenheit und Zwiespältigkeit unserer Kultur, als die immer mehr
sich vertiefende Kluft zwischen dem seelischen Leben des Indi=
viduums und jenem psychischen Gemeinschaftsleben, welches das
Ergebnis massenpsychologischer Vorgänge ist. Die höchste Ent=
faltung des geistigen Elementes in der Vollkultur ist bedingt
durch eine starke Differenzierung der Gesellschaft und ihrer ein=
zelnen Glieder, durch eine möglichst kräftige Entwicklung, Be=
lebung und Steigerung der Individualität. Nur so entsteht das
geistige Selbstbewußtsein und die „freie Persönlichkeit", der un=
entbehrliche Träger des Geistes der Kritik und der „Erörterung",
mit dem alle Vollkultur steht und fällt. Eben damit erwächst
nun aber andererseits auf dem Boden der Kultur selbst ein
Gegensatz, der um so tiefer empfunden wird, je höher und
feiner organisiert das einzelne Individuum ist. Je reiner sich
nämlich der geistige Gehalt der Kultur in der Einzelpersönlich=
keit ausprägt, je größer ihre intellektuelle und moralische Selbst=
ständigkeit, ihre „innere Freiheit" ist, um so mehr schwindet
die Übereinstimmung mit den Anschauungen und Gefühlen,
welche den tieferen Schichten des Bewußtseins angehören und

daher die naturgegebenen Maffenanschauungen und Maffen=
gefühle sind.[1]

Und dieser Gegensatz verschärft sich dadurch, daß dieselbe
Kultur, welche das individuelle Bewußtsein so hoch über die
durchschnittlichen Bewußtseinszustände, über das unpersönliche
Maffenleben erhebt, gerade dies Maffenleben und die Maffen=
wirkungen extensiv und intensiv in einer Weise steigert, daß da=
neben das Einzeldasein notwendig an Bedeutung verliert, die
kraftvolle und originale Entfaltung und Behauptung der Einzel=
persönlichkeit, sowie die Bethätigung der Individualität nach
Außen vielfach gehemmt oder ganz unmöglich gemacht wird.
Überall sehen wir hier die Gesellschaft am Werke, den Einzelnen
ihren sozialisierenden, nivellierenden Einflüssen zu unterwerfen,
ihn in feste Formen und Geleise einzuengen, in denen seine
Eigenart verkümmern muß. Man denke nur an den großen
Ausgleichungsprozeß, der durch die fortschreitende Demokrati=
sierung des öffentlichen Lebens, durch die Verallgemeinerung
zahlreicher Kenntnisse und Bildungselemente, durch die Freiheit
des Erwerbes, durch die steigende Macht der „öffentlichen
Meinung" u. dgl. mehr hervorgerufen wird.[2] Dazu kommt,
daß durch die Entwicklung des Verkehres, die Ausbildung groß=
betrieblicher Organisationsformen in Staats= und Privatwirtschaft
und durch das Wachstum der Städte die Leichtigkeit großer
Maffenbewegungen, die Anhäufung größerer Maffen und ihr
enger Zusammenschluß gewaltig gefördert wird und die sozialen
Gruppen und Verbände, die einen Kollektivgeist ausgebildet
haben, eine erhöhte Aktionsfähigkeit erhalten, die das Einzeldasein
machtvoll in ihren Bann zwingt. Welch ein Widerspruch zu den
individualistischen Grundtrieben des Kulturmenschen liegt allein
in jener Technik der Menschenzusammenfassung, die in Heer,

---

[1] Diesen Dualismus der Volkkultur hat neuerdings besonders
treffend geschildert Vierkandt, Natur= und Kulturvölker 1896; eine bahn=
brechende Arbeit auf dem Gebiete sozialpsychologischer Forschung, der die
vorliegende Studie die mannigfachste Anregung verdankt.

[2] Vgl. J. St. Mill. Von der Freiheit. S. 75 der Bearbeitung
von Gomperz.

Staats= und Volkswirtschaft große Massen von Individuen zu bloßen Triebrädern im Gefüge eines streng einheitlichen Orga= nismus macht! Und wie innig verschmelzt sich individuelles mit kollektivem Leben in den Massen, welche der entfesselte Kampf ökonomischer und sozialer Klasseninteressen, das Interesse von Rasse, Nationalität, Religion u. s. w. zusammenführt! „Das Individuum verschwindet, der Genosse entsteht“, — dieser Satz gilt nicht bloß für das Kollektivleben der proletarischen Masse. Welch ein Kontrast endlich zwischen der höchsten Steigerung in= dividuellen Lebens auf der vergeistigten Höhe der Volkkultur und jenem gestalt= und charakterlosen Haufen, der mit der An= häufung der Bevölkerung in den Städten überall als unver= meidliche Begleiterscheinung der Kultur entsteht, dem Pöbel, der, durch die instinktive Feindschaft gegen das Gebäude der Civili= sation selbst zusammengehalten, massenhaftes Rohmaterial für die verschiedenartigsten Bestrebungen, ein „riesiges Magazin für Massenbewegung“ darstellt. Und dieser düstere Schatten breitet sich immer mehr aus, je mächtiger der stolze Bau der Kultur in die Höhe ragt!

Keine Frage, es wirken hier starke Tendenzen dahin, die „gewaltige Hochflut des Individualismus“, die der Volkkultur die Bahn gebrochen, nach allen Seiten hin einzudämmen, das Individuum möglichst zum Gattungsexemplar zu machen, das immer einseitiger von den der sozialen, politischen, religiösen Gruppe gemeinsamen Vorstellungen, Gefühlen und Willens= impulsen beherrscht wird. Eine schwere Gefahr für den Bestand der Kultur! Denn mit den Masseninstinkten und Massenaffekten erwacht im Einzelnen auch die bête humaine, die überall hinter der gleißenden Hülle der Civilisation lauert. Vor dem „Willen zur Macht“, vor dem gierigen Verlangen nach Durchsetzung der eigenen Bestrebungen und Interessen, das auch vor der bru= talen Vergewaltigung des anders Denkenden nicht zurückschreckt, schwindet die Ehrfurcht vor geistiger Freiheit, die eine der edel= sten Blüten aller Kultur ist. Während es der Staat, der eine Organisation der Kulturaufgaben sein will, als eines der vor= nehmsten Ziele seiner Thätigkeit proklamiert, „die Steine aus dem Wege zu räumen, um die Bahn des Geistes frei zu machen,"[1] türmen sich hier Berge von Widerständen auf, an denen dies Bestreben nur zu oft ohnmächtig abprallt.

Welch' brutale Instinkte sind in den Massen und Gruppen lebendig geworden, die der moderne Staat auf die geschichtliche Bühne gerufen, mögen sie auf der Gasse oder im Parlamentssaal das Feld ihrer Bethätigung suchen! Wie bezeichnend ist z. B. das Sendschreiben, welches im Hinblick auf die bekannten Vorgänge im „Lande der Menschenrechte" der kühne Romancier an die Jugend dieses Landes gerichtet hat! „Nicht der Fuß eines Cäsar zertritt das öffentliche Gewissen. Nein, ein ganzes Parlament ächtet diejenigen, die das leidenschaftliche Verlangen nach Recht entflammt. Grobe Fäuste schließen die Lippen derjenigen, welche die Wahrheit wollen. Man hetzt die Massen auf, damit sie die Vereinzelten zum Schweigen bringen. Unter der Herrschaft dieses schändlichen Terrorismus werden die tapfersten Männer feige. Niemand wagt mehr so zu reden, wie er denkt." — Das sind in der That die letzten Konsequenzen eines Zustandes, dem auch wir mit psychologischer Notwendigkeit zutreiben würden, wenn durch eine immer weitergehende Demokratisierung unserer Institutionen die Gewaltsamkeit und Unduldsamkeit des Massen= und Gruppengeistes einen noch größeren Spielraum gewönne. Sind es doch gegenwärtig gerade die großen Körperschaften, die das „Volk" vertreten, in denen man am lautesten und heftigsten die Staatsgewalt gegen den freien Gedanken und die freie Lehre auf den Plan gerufen hat!

An sich war es ja ein gewaltiger Fortschritt, daß wir von der Überschätzung des Individuums, die uns von dem Individualismus der Aufklärung her im Blute lag, so gründlich zurückgekommen sind, daß in Leben und Wissenschaft der Gedanke des Sozialen seinen siegreichen Einzug gehalten. Aber andererseits ist es doch eine besorgniserregende Erscheinung, wenn denkende Beobachter der Zeit „unter dem sich steigernden Ein-

---

[1] Nach dem schönen Worte des Kultusministers Bosse.

druck stehen, daß das Recht des Individuums gegenwärtig in ganz besonders hohem Grade verkannt und verkürzt wird," daß der berechtigte Gedanke, das oft allzu sehr atomisierte Individuum der Vollkultur wieder mehr den sozialisierenden Einwirkungen der staatlichen und gesellschaftlichen Gesamtheiten zu unterwerfen, gegenwärtig seine Grenzen weit überflutet, die Bestrebungen verwirrt und das Denken verdunkelt." [1]

Angesichts dieser Gefahren erscheint es doppelt bedenklich, wenn selbst von den Stätten aus, welche recht eigentlich zur Hut des rein geistigen Elementes der Kultur und damit eben der freien Individualität berufen sind, Ansichten verkündigt werden, welche geeignet sind, diese Unklarheit über das „Recht der Persönlichkeit" und ihr Verhältnis zur Gesamtheit zu steigern. Ich denke dabei an eine historisch-politische Erörterung, welche vor kurzem Gomperz in seinem großen, mit verdientem Beifall aufgenommenen Werke über „griechische Denker" niedergelegt hat und die — von den angedeuteten Gesichtspunkten aus — nicht ohne Widerspruch bleiben kann. Ganz abgesehen von dem Interesse des Historikers, der hier infolge einer falschen Grundanschauung über jene Lebensfrage alles geistigen Wirkens und Strebens das geschichtliche Bild einer großen Persönlichkeit und einer großen Zeit völlig verzeichnet sieht: — Einer Zeit, die ebenfalls einen Höhepunkt der Kultur darstellt und daher ganz ähnliche Erscheinungen aufweist wie die, welche uns eben in dem Bilde der modernen Kultur entgegentraten.

---

[1] Volkelt, Das Recht des Individualismus. Ztschr. f. Phil. und phil. Kritik 1897 (3) S. 1 ff. Dieselbe Beobachtung macht übrigens schon Tocqueville: De la démocratie en Amérique IV 334.

Zweites Kapitel.

Der hellenische „Volksgeist" und die „auflösende" Reflexion.

Gomperz knüpft an jenen Gerichtstag an, der, wie er sagt, unvergessen bleiben wird, solange Menschen auf Erden leben, an das Geschick des Sokrates, des „frühesten Blutzeugen der freien Vernunftforschung"; [1] und er kommt dabei auf das „Recht der großen Persönlichkeit" zu sprechen, „neue Bahnen zu erschließen und aller Zähigkeit des Herkommens, jedem Aufgebot dräuender Staatsmacht zum Trotz mutvoll zu beschreiten". Gomperz ist weit davon entfernt, dies „Recht" der freien Individualität zu bestreiten, aber er stellt ihm in unserem Falle das „Recht des Gemeinwesens gegenüber, sich zu behaupten und auflösenden Tendenzen entgegenzuwirken". Und da ihm die von Sokrates eingeleitete Bewegung zwar als unermeßlicher Segen für die Zukunft des Menschengeschlechtes, aber als ein Gut von sehr zweifelhaftem Wert für die athenische Gegenwart, d. h. als ein Moment der „Auflösung" erscheint, so sieht er in der Hinrichtung des großen Reformers — ohne das Mitwirken von Vorurteil und Mißverstand ganz in Abrede zu stellen — doch „zum weitaus größern Teil und in entscheidendem Maße die Wirkung eines vollberechtigten Konflikts".

Gomperz steht mit dieser Ansicht bekanntlich nicht allein. Sie hat ja ihre klassische Formulierung bereits durch Hegel gefunden und ist seitdem — man darf wohl sagen — die vorherrschende geblieben[2]. Hat nun aber Hegel hier wirklich, wie Gomperz und so viele Andere glauben, „das Richtige gesehen",

---

[1] Die Menschheit, sagt J. Stuart Mill a. a. O. S. 23, kann kaum oft genug daran erinnert werden, daß es einst einen Mann Namens Sokrates gegeben hat.

[2] Grundsätzlich steht auf demselben Boden wie Hegel und Gomperz die umfassendste Behandlung, welche das Problem neuerdings gefunden hat: die Abhandlung von Köchly über „Sokrates und sein Volk". Akad. Vorträge und Reden I. 224 ff.

und ist überhaupt auf dem Standpunkt, von dem die genannte Ansicht ausgeht, eine geschichtliche Würdigung der Frage möglich?

Das Todesurteil über Sokrates ist gefällt im Namen des „Gemeinwesens". Dies aber ist für Hegel in seinen Lebensäußerungen identisch mit dem Volksleben schlechthin und daher auch, weil es eben das ganze Volksleben ist, der reale Ausdruck, die „Wirklichkeit" des sittlichen Geistes, den das Leben und Denken der von ihm umschlossenen Gesamtheit jeweilig erzeugt. Als Realisierung jener geistigen Kollektivkräfte, die Hegel als „objektiven Geist" bezeichnet, repräsentiert der jeweilig bestehende Staat eine Stufe der „objektiven Vernunft", der „sich realisierenden Idee". Diesem objektiven Willen gegenüber, wie er sich eben nach Hegel im Staate am reinsten darstellt, erscheint die Subjektivität, die Loslösung des Individuums von dem allgemeinen Geist zunächst immer als ein zerstörendes, zersetzendes Element. Wenngleich unvermeidlich und geschichtlich berechtigt, verstrickt sie das Individuum, das sich zu ihrem Träger macht, immer in eine Schuld gegen die Gemeinschaft, von der es erst dann eine Erlösung gibt, wenn es von neuem zu einer Vereinigung des individuellen mit dem Gesamtgeist kommt. Daher steht Sokrates als Vertreter einer Lehre, durch welche in Religion und Sittlichkeit „das schwankend wurde, was unmittelbar galt", für Hegel in einem unversöhnlichen Gegensatz zum „Geist des athenischen Volkes" an sich, seiner Verfassung, seinem ganzen Bestehen. Er ist auf der einen Seite der „Heros, der das Recht des seiner selbst gewissen Geistes, des in sich entscheidenden Bewußtseins für sich hat", aber indem er eben durch dies neue Prinzip der subjektiven Reflexion in Widerspruch geriet mit dem Geist seines Volkes, mit der vorhandenen Gesinnung, war auch die Reaktion gegen ihn gerechtfertigt. „Er ist mit Recht angeklagt. Denn in dieser Anklage tritt der Volksgeist Athens auf gegen das Prinzip, welches ihm verderblich geworden ist."[1]

---

[1] Geschichte der Philosophie. S. 101 ff.

Es ist auffallend, daß ein Mann wie Gomperz, der selbst die deduktive Methode für wenig geeignet hält, das geschichtlich Gewordene zu erklären und den Werdegang der Dinge auf=zuhellen,[1] sich bei dieser Formulierung des Problems beruhigt hat. Wie kann die spekulative Begriffsdichtung Hegels einem Problem gerecht werden, das nur vom Standpunkt einer historisch=psychologischen Betrachtung des menschlichen Geistes=lebens gewürdigt werden kann, einem Standpunkt, dem — ab=gesehen von Fichte — kein neuerer Denker ferner steht als gerade Hegel? Auch die moderne Geschichtswissenschaft verzichtet ja keineswegs darauf, die Fülle der Einzelerscheinungen nach allgemeinen Gesichtspunkten zu gruppieren, allein seitdem sie sich von der Herrschaft der Spekulation emanzipiert hat, weiß sie auch, daß es durchaus keine so einfache Sache ist, das geistige Gesamtbild einer Zeit zu erfassen; und so geht für sie die kausale oder analytische Betrachtungsweise, das Eindringen in die Einzelerscheinung (Penetration!) überall der Synthese voraus; und eben dieser zergliedernden Betrachtungsweise verdankt sie jene tiefere und zugleich umfassendere Erkenntnis geschichtlichen Lebens, der gegenüber die meisten Konstruktionen der Systema=tiker zerstieben wie Seifenblasen.[2]

Der Historiker, der gewöhnt ist, die Dinge mit s e i n e n Augen anzusehen, wird sofort eine Frage aufwerfen, welche sich die hier bekämpfte Anschauungsweise gar nicht ernstlich vorgelegt hat, nämlich die Frage: Wie haben wir uns denn den psychischen Gesamtcharakter einer Epoche vorzustellen, für die das „Prinzip der subjektiven Reflexion" als ein so wesentlich neues Moment erscheinen soll, daß man von einer „Loslösung des Individuums von dem a l l g e m e i n e n Geist" reden kann?

---

[1] Hellenische Denker I. S. 398, in der Kritik des berühmten ano=nymen Pamphlets über die athenische Demokratie.

[2] Sehr treffend sagt Below (Die neue historische Methode. Hist. Zeitschr. 1898 [Bd. 45], S. 243): „Der Beruf des Historikers wird es voraussichtlich immer bleiben, gegen die Konstruktionen der Systematiker Einspruch zu erheben." Denn „im Historiker steckt zweifellos ein Stück Skeptiker".

Wir werden da recht weit zurückgehen müssen, bis in eine Entwicklungsphase der Kultur, auf der die größte innere Geschlossenheit und Einheitlichkeit des geistigen und seelischen Lebens, eine weitgehende Übereinstimmung des Bewußtseinsinhalts, eine Gleichheit der geistigen Disposition zwischen den Volksgenossen bestand, wie sie nur da möglich ist, wo sich die psychischen Vorgänge ganz einseitig im Bereich des Unwillkürlichen, Triebartigen, Konventionellen abspielen. Hier wirkt in der That das seelische Leben der Gesamtheit in Recht, Sitte, Religion u. s. w. mit solch übermächtiger Gewalt auf das Einzelbewußtsein, daß ihm gegenüber von einer selbständigen Entfaltung der Individualität kaum die Rede sein kann. Dem Einzelnen stehen auf dieser Stufe der Halbkultur die Mächte, welche das soziale, staatliche, religiöse Leben beherrschen, als unantastbare Autoritäten gegenüber. Er nimmt das Bestehende einfach als selbstverständlich hin, ohne auch nur den Gedanken zu fassen, daß es auch anders sein könnte. — Wie weit mag nun aber in Hellas diese Epoche allgemeiner geistiger Gebundenheit zurückliegen? Werden wir nicht mindestens bis in jenes frühe Mittelalter zurückgehen müssen, wo, — um mit Homer zu reden — der Edle „wie ein Gott geehrt ward im Volke" und auf den Höhen wie in den Niederungen der Gesellschaft die gleiche irrationale, rein mythologische Denkweise die Geister und Gemüter gefangen hielt?

Über dieses Dunkel, das noch nirgends durch die Fackel des kritischen Intellekts erhellt war, hat sich nun aber der hellenische Geist schon in verhältnismäßig sehr früher Zeit zu erheben begonnen. Und es ist für die geschichtliche Würdigung des Kulturprozesses, in welchem die Gestalt des Sokrates mitten inne steht, von grundlegender Bedeutung, daß man sich klar vergegenwärtigt, wie und in welchem Umfang das geschehen ist.

Nach der Ansicht, welche Gomperz vertritt, ist es im Grunde nur die Spekulation und die Forschung seiner großen Denker, von der dem griechischen Volke — wie er sich ausdrückt — die geistige Befreiung nahte".[1] Durch sie erst ist der Geist

---

[1] I. 205 f. 18.

der Kritik und der Reflexion erwacht; ja eigentlich ist es nur
Einer, der — ein Äolos der Kultur — das Sturmeswehen
des freien Geistes entfesselt hat: jener „vielgewandterte, tief=
denkende greise Spielmann“, von dessen „einschneidender Kritik“
behauptet wird, daß sie es gewesen sei, die „einen unheilbaren
Bruch in das griechische Leben gebracht hat!“ [1]

Sollten die Kausalzusammenhänge im Bereich des psychischen
Daseins wirklich so einfach sein, wie diese Lehre von der Wunder=
that des „ärmlichen Rapsoden“ annimmt? [2] Das einzelne große
Individuum erscheint hier wie ein aus dem Nichts geschaffenes
Gebilde, sein geistiges Schaffen wie etwas rein spontanes, aus
dem ursächlichen Zusammenhang des Geschehens Heraustretendes.
Man sieht nur, wie es eine neue Kausalreihe beginnt, während
die vorbereitenden Entwicklungsstufen, die es hinter sich hat, für
das Urteil über seine geschichtliche Leistung nicht in Betracht
kommen. [3] Eine einseitige symptomatische Denkweise, welche
Symptome und Ursachen nicht auseinander hält und nur das
letzte Stadium des psychischen Prozesses, die Rückwirkung des
Einzelnen auf die Gesamtheit ins Auge faßt, ohne zu berück=
sichten, daß die geistige Schöpfung des Einzelnen ihrerseits bis
zu einem gewissen Grade das Symptom eines bereits im all=
gemeinen Leben sich vollziehenden Umbildungsprozesses ist. Wo
diese Vorgeschichte, welche auch die scheinbar individuellste
Leistung hat, nicht zu ihrem Recht kommt, bleibt eine Grund=
tendenz des geschichtlichen Lebens verkannt: die Stetigkeit.

Auf den ersten Blick mutet es uns ja allerdings wie ein
„jäher“ [4] Bruch mit den „nationalen Maßstäben des Denkens

---

[1] Gomperz ebd. II. 94.

[2] Nebenbei bemerkt verstehe ich nicht, wie bei dieser Auffassung
von Xenophanes Gomperz die Hegelsche Auffassung des Sokrates
billigen kann. Wenn die „unheilbare Gebrochenheit“ des hellenischen
Geisteslebens schon von Xenophanes datiert, wo bleibt da der ungebrochene,
„objektive“ Geist, mit dem sich Sokrates in Widerspruch gesetzt haben soll?

[3] Eine Art der Beurteilung, die um so auffallender ist, als Gomperz
selbst verschiedene Momente dieser Vorgeschichte gut hervorhebt. S.
z. B. I, 6 ff.

[4] So Gomperz I, S. 128.

und Empfindens" an, wenn wir hier plötzlich die anthropomorphe Auffassung und Darstellung des Göttlichen, die Widersprüche, das Ungereimte und Unwürdige der überlieferten Götter= und Heldensage, das Irrationale festgewurzelter Anschauungen auf dem Gebiete der Sitte einer scharfen Kritik unterworfen sehen. Aber schon der Umstand, daß Xenophanes die Ergebnisse seiner Spekulation in epischer und elegischer Form öffentlich vortragen konnte, läßt darauf schließen, daß ihm bereits in weiteren Kreisen eine verwandte geistige Strömung entgegenkam. Und es ist ja zur Genüge bekannt, daß der Rationalismus einerseits und der religiöse Individualismus anderseits, vor denen die überlieferten heiligen Geschichten nicht mehr zu bestehen vermochten, um die Wende des siebenten und sechsten Jahrhunderts schon recht beträchtliche Fortschritte gemacht hatten.[1] Hat man doch sogar an der homerischen Poesie beobachtet, daß sie die Dinge der Welt bereits mit einer gewissen „Freigeistigkeit" auffaßt, daß die Art und Weise, wie sie von den Göttern spricht, von wirk= licher Ehrfurcht doch schon recht weit entfernt ist. Wie früh= zeitig muß die innere Emanzipation des Einzelnen von den traditionellen Mächten begonnen haben, wenn „in dieser Früh= zeit griechischer Bildung eine solche Freiheit von ängstlichem Wahn auf einem Gebiete erreicht werden konnte, in dem der Wahn seine festesten Wurzeln zu haben pflegt.[2] Und wie bezeichnend ist ferner für das Dahinschwinden der Ehrfurcht vor den Idealen der alten Zeit die Entstehung einer parodistischen Dichtung, welche die Götter= und Heldensage durch Umsetzung ins Burleske auf das Niveau der Masse herabdrückte!

Daher ist ja Xenophanes auch keineswegs eine vereinzelte Erscheinung in dem Geistesleben jener Epoche. In den ver= schiedensten Teilen der hellenischen Welt sehen wir spekulative Köpfe hervortreten, die auf die alten Fragen nach Entstehung und Bedeutung der Welt ganz andere Antworten suchen, als die, welche der Mythos gab. Nicht bloß in Einem, sondern

---

[1] Vgl. E. Meyer, Gesch. d. Altertums II, 724 ff.
[2] Rohde, Psyche, S. 35.

gleichzeitig in Vielen setzt sich der freie Gedanke gegen die Tradition siegreich durch. Unbekümmert um die alten Autoritäten sucht er ein Bild aus der Welt zu gestalten, frei aus sich heraus, aus eigener Kraft! Und dabei geht die Bewegung alsbald weit über den Kreis der philosophischen Spekulation hinaus! Um dieselbe Zeit, in der man, um mit Gomperz zu reden, auf den Märkten und Plätzen der hellenischen Städte dem greisen Philosophen begegnen konnte, umdrängt von dichten Scharen des Volkes, — ein Jahrhundert vor dem Prozeß des Sokrates! — hat der Politiker, Geograph und Geschichtsschreiber Hekatäos das „vernunftstolze, verstandesklare und verstandeskalte Wort gesprochen, das uns wie eine schmetternde Fanfare in reiner Morgenluft entgegentönt“[1]): „Dies schreibe ich, wie ich es für wahr halte; denn was die Hellenen erzählen, ist vielerlei und, wie mich bedünkt, lächerlich.“[2]) Die denkbar schärfste Absage des vom Geiste der Kritik und des Zweifels erfüllten Individuums an die Überlieferung! Die Vernunft wirft sich hier mit souveräner Freiheit zur Richterin auf über den traditionellen Glauben, dessen Gestalten sie aus dem Bereich des Mythischen auf das Niveau des Natürlichen und Menschlichen zurückzuführen sucht.

Man sieht: Wir stehen am Ende des sechsten Jahrhunderts bereits im Zeitalter der Aufklärung! Die alte geistige Seßhaftigkeit, die Selbstverständlichkeit altgewohnter Anschauungen ist schon damals unwiederbringlich dahin. Nachdem einmal die Vernunft Glauben und Sitte vor ihren Richterstuhl geladen, konnte das Bestehende überhaupt nicht mehr den Anspruch erheben, ohne weiteres als solches anerkannt zu werden. Es mußte sich darein finden, von der denkenden Reflexion seine Rechtfertigung zu empfangen. Ein grotesker Gedanke, diesen Anspruch der längst zu einer geschichtlichen Macht gewordenen Reflexion nach einem weiteren Jahrhundert intensivster geistiger

---

[1]) So Gomperz I, 205.

[2]) Müller, F. H. Gr. I, 25. τάδε γράφω ὥς μοι ἀληθέα δοκέει εἶναι· οἱ γὰρ Ἑλλήνων λόγοι πολλοί τε καὶ γελοῖοι, ὡς ἐμοὶ φαίνονται, εἰσίν.

Thätigkeit durch die Vernichtung eines einzelnen Individuums aus der Welt schaffen zu wollen! Grotesk schon deswegen, weil es sich hier eben keineswegs bloß um das Ergebnis individual= psychischer Kräfte handelte, sondern zugleich um Änderungen im psychischen Leben weiter Kreise des Volkes.

Die Energie, mit der sich seit dem sechsten Jahrhundert die subjektive Reflexion aller Gebiete des Wissens, des Glaubens und der Sitte, des Staates und der Gesellschaft bemächtigte, ist nur erklärlich als Symptom von Veränderungen im psychischen Charakter der Zeit überhaupt, als Symptom einer steigenden Intensität des seelischen Lebens der Nation.

Den ersten Anstoß zu dieser teilweisen Umbildung des all= gemeinen psychischen Habitus gaben die Fortschritte auf dem Gebiete des nationalen Wirtschaftslebens. Die großartige koloni= satorische Ausbreitung über die Mittelmeerwelt, die Tausende und Abertausende aus den gewohnten Verhältnissen herausriß, die Entfesselung des Verkehrs, der Industrie und des Handels, die Geldwirtschaft, das Emporblühen städtischer Kultur, all das muß die Gebundenheit mittelalterlichen Bewußtseins frühzeitig nach den verschiedensten Seiten hin gelockert haben. Schon die Erweiterung des geographischen Horizonts, die den Hellenen mit den fremdartigsten Kulturkreisen in unmittelbare, dauernde Be= rührung brachte und überall den Geist zur Bethätigung der sub= jektiven Operationen des Beurteilens, Messens, Vergleichens förmlich herausforderte, hatte die Reflexion auf das Mächtigste angeregt, die geschlossene Einheit der überlieferten Welt= und Lebensansicht vielfach durchbrochen.[1]) Dazu kamen die umge= staltenden Einflüsse, welche der Welthandel, die Entwicklung der Arbeitsteilung und der kapitalistischen Großunternehmung auf den Typus des geistigen Lebens ganzer Volkskreise ausübte. Der immer intensiver sich bethätigende wirtschaftliche Spekulations= geist gewöhnt ja den Menschen, alles was ihn umgibt, in zu= nehmendem Grade unter dem Gesichtspunkt des Mittels für be= stimmte individuelle und praktische Zwecke zu betrachten. Neben

---

[1]) S. Erdmannsdörfer, Das Zeitalter der Novelle, 1870.

dem Unwillkürlichen und Triebartigen gewinnen in seinem Da=
sein die aus bewußter Reflexion hervorgegangenen Willensakte
eine immer größere Bedeutung. Das Leben rationalisiert sich
ungleich mehr als bisher, je größere Ansprüche die Erweiterung
des Arbeits= und Spekulationsgebietes an die Intelligenz des
Einzelnen erhebt, je mehr sie das Individuum auf sich selbst
stellt und dadurch eben zu regerer Bethätigung willkürlicher Be=
wußtseinsakte nötigt. So ist die Steigerung in der Energie des
Denkens, die sich in der Eindämmung des Gebietes der asso=
ciativen, gewohnheitsmäßigen Vorstellungsverknüpfungen durch
apperceptiv=logische äußert, wesentlich mit dem wirtschaftlichen
Fortschritt, mit der zunehmenden Ausdehnung und Kompliziert=
heit•der wirtschaftlichen Unternehmungen verknüpft. Der Kauf=
mann, besonders der Großkaufmann ist es, der unter den Ersten
über die Geleise der hergebrachten Gewohnheiten, Triebe, Asso=
ciationen hinausschreitet. Und wir begegnen daher auch da, wo
der kaufmännische Typus sich in großem Maßstab ausprägt, in
den mächtig emporblühenden Städten, vor Allem in den Mittel=
punkten des überseeischen Handels= und Kolonialverkehres, wie
z. B. in Jonien, einer zunehmenden Weite des geistigen Ge=
sichtskreises, einer zunehmenden Emanzipation von überkommenen
Vorurteilen, überhaupt einer freieren Entfaltung des gesamten
psychischen Daseins. Insoferne erscheint es innerlich nicht un=
wahrscheinlich, was man von dem „Ahnherrn" der Philosophie,
von Thales, gesagt hat, daß er nicht nur Staatsmann,
Ingenieur und Mathematiker gewesen, sondern auch Kaufmann.[1]

Die Entfesselung des willkürlichen Geisteslebens in den
höheren Schichten des städtischen Bürgertums mußte nun aber
bei einem so hochbegabten Volke wie ein auslösender Reiz

---

[1] Bedeutsam für diese Zusammenhänge ist auch die Beobachtung
von Diels, daß die geometrisch=astronomische Schulung, welche die Grund=
lage der jonischen Wissenschaft bildete, aus den nautischen Bedürfnissen
des milesischen Handels hervorgegangen ist, wie man an den durch Eudem
verbürgten mathematischen Sätzen des Thales deutlich sieht. (Über die
ältesten Philosophenschulen der Griechen, Philos. Aufs., E. Zeller gewidmet.
1887, S. 244.)

wirken, der diese Begabung veranlaßte, sich immer intensiver zu
bethätigen.   Rationalisierung ist Erhöhung der Bewußtheit und
insoferne Vergeistigung des seelischen Lebens. Mit der Ver=
geistigung des Lebens aber erwachte in dem begabteren Indi=
viduum jenes freie oder theoretische Interesse, welches für den
Erkenntnistrieb als solchen Befriedigung suchte, über das Streben
nach Schaffung äußerer, materieller Werte hinaus zur Heraus=
bildung geistiger Werte fortschritt, und zwar um so energischer,
je reichlicher der wirtschaftliche Fortschritt eben das äußere
Substrat, die „Muse" zur Pflege rein geistiger Interessen
gewährte.

Geistige Vertiefung des Individuums aber bedeutet Ent=
faltung der Individualität. Wer sich auf jene höhere Stufe
des Geisteslebens zu erheben vermag, der erhebt sich damit über
alle diejenigen, welche auf einer niedrigeren Stufe zurückbleiben.
Der Einzelne beginnt sich von der Gesamtheit als ein Wesen
von selbständiger Bedeutung abzulösen, er hat ein Gebiet des
intellektuellen Lebens gewonnen, auf dem er sich mit größerer
Freiheit bewegen kann.   Und je intensiver diese selbständige in=
dividuelle Geistesarbeit wird, um so mehr lockert sich die Ge=
bundenheit des Einzelnen gegenüber der Gesamtheit, schwindet
die Übereinstimmung mit dem Fühlen und Denken der Menge.
Es entsteht eine zunehmende Differenz zwischen dem individuellen
und dem Durchschnittsbewußtsein; die alte Gemeinsamkeit des
seelischen Lebens der Volksgenossen wird nach den verschiedensten
Seiten hin durchbrochen.

Schon der Gegensatz von „Gebildet" und „Ungebildet",
der die Folge hievon ist, deutet hinlänglich an, daß die Nation
längst nicht mehr aus wesentlich gleichartig denkenden Gliedern
besteht, daß es also einen objektiven allgemeinen Geist im Sinne
Hegels auf der Höhe der Kultur überhaupt nicht mehr gibt.
Denn es liegt im Wesen der Volkkultur, daß sie differenziert
und individualisiert. Sie erzeugt in den höher und feiner orga=
nisierten Individuen jenes geistige Selbstbewußtsein, welches eben
in der spezifischen Eigenart des Einzelnen, in seiner Individua=
lität wurzelt, in welchem sich gerade der Mangel an Über=

einstimmung zwischen dem Einzelnen und der Mehrheit im Be=
reiche des geistigen Lebens ausprägt. Und hat dieses geistige
Selbstbewußtsein jemals einen schärferen Ausdruck gefunden, als
es ebenfalls bereits um die Wende des sechsten und fünften
Jahrhunderts durch die mächtige Persönlichkeit Heraklits geschah,
des „Pöbelschmähers" (ὀχλολοίδορος), wie ihn ein Spottgedicht
genannt hat?[1]) Mit welch souveräner Freiheit blickt hier der
Einzelne, der in der Welt der geistigen Zwecke und Güter lebt,
auf die blinde Masse herab, die „sich den Wannst stopft, wie
das Vieh",[2]) auf die „Zehntausende, die Einen Trefflichen nicht
aufwiegen",[3]) auf die Reden der „Vielen", von denen keiner zu
wahrer Einsicht gelangt ist![4])

Wer sich diesen psychischen Entwicklungsprozeß in seiner
Totalität vergegenwärtigt, der kann unmöglich die landläufige
Anschauung teilen, als seien es erst die „Philosophen" und ihre
Kritik gewesen, welche den Geist der Reflexion und der Skepsis
in das seelische Leben der Nation hineingetragen haben. Wenn
Gomperz die große Revolution im hellenischen Geistesleben da=
hin charakterisiert, daß sich „seit dem siebenten Jahrhundert
mächtige selbstbewußte Persönlichkeiten in immer größerer Zahl
von dem Hintergrund der einförmigen Menge ablösen", so
werden damit die Dinge in ein schiefes Licht gerückt. Was rings
um jene Großen lebte und webte, kann keineswegs mehr eine
so einförmige Masse gewesen sein, wie es diese einseitig indivi=
dualistische Geschichtsauffassung voraussetzt. Die Entstehung der
Philosophie, der Natur= und Geisteswissenschaften in dem Hellas
des sechsten Jahrhunderts war nur möglich auf dem Boden
einer Gesellschaft, die schon in hohem Grade differenziert war.
Sie ist undenkbar ohne das Vorhandensein einer höher gebildeten
Gesellschaftsschicht, in der die psychischen Eigenschaften der Voll=
kultur, also vor Allem die „subjektive Reflexion" bereits zu reger

---

[1]) Sillograph. Graec. rel. ed. Wachsmuth, p. 135, fr. 29.

[2]) Fragm. 111. οἱ δὲ πολλοὶ κεκόρηνται ὅκωσπερ κτήνεα.

[3]) 113. Εἷς ἐμοὶ μύριοι ἐὰν ἄριστος ᾖ.

[4]) 111. Τίς γὰρ αὐτῶν νόος ἢ φρήν; Wozu Proklos (Alcib. p. 215)
bemerkt: ἀποσκορακίζει τὸ πλῆθος ὡς ἄνουν καὶ ἀλόγιστον.

Entfaltung und Bethätigung gekommen waren. Auch der größte einzelne Geist ist eben nur als Glied einer großen Kette zu begreifen, das sich so entwickeln konnte, weil die vorhergehenden Glieder sich so und nicht anders entwickelt hatten. Daher „nahte“ auch dem hellenischen Volke die geistige Befreiung nicht von seinen großen Denkern, sondern] diese haben das im geistigen Leben weiterer Volkskreise bereits vorbereitete Werk nur weiter geführt und vollendet.

Eine mächtige Strömung subjektiven Empfindens und Denkens, — man denke nur an die Lyrik! — mußte bereits einen Teil der Nation erfaßt haben, die skeptische Fragelust und Forschbegier, die verstandesmäßige Reflexion, die Fähigkeit zu begrifflicher Verarbeitung der Erscheinungen, zu selbständigem, der Tradition unabhängig gegenübertretenden Denken, all das muß bereits bis zu einem gewissen Grade entwickelt gewesen sein, bevor die großen Denkergestalten des sechsten Jahrhunderts erstehen konnten. Wer sich wirklich klar macht, welch ein kompliziertes Gebilde der Geist eines Thales, Xenophanes, Pythagoras und Hekatäos darstellt, der begreift auch, daß die Entstehung so sein organisierter Geister eine lange Vorgeschichte in der Entwicklung des nationalen Lebens überhaupt gehabt haben muß, daß sie bereits eine gesteigerte Anlage des seelischen Lebens, das Vorhandensein „auflösender Tendenzen“ in einer geistig höher stehenden Schicht des Volkes voraussetzt.[1]) „Alles Lebendige braucht um sich eine Atmosphäre.“ Dieses Wort, in Bezug auf das geistige Dasein gesagt, enthält in der That eine tiefe Wahrheit.

Wenn aber die Ausbildung der Natur- und Geisteswissenschaften durch die Hellenen wesentlich Symptom und Vollendung eines im nationalen Geistesleben selbst sich vollziehenden Prozesses geistiger Befreiung ist, wie kann dann die „Vernunft- und Begriffsforschung“ in einem grundsätzlichen Gegensatz zu dem

---

[1]) Ohne sie wäre auch der frühzeitige und intensive genossenschaftliche Betrieb der Wissenschaft, die Schulbildung nicht möglich gewesen. Vgl. Diels a. a. O.

„gesamten nationalen Wesen" stehen?[1]) Gerade diejenigen
Schöpfungen, die wir mit zu den edelsten Blüten, zu den reif=
sten Früchten hellenischen Geisteslebens zählen, gerade das,
worin sich der geistige Gehalt der hellenischen Kultur mit am
glänzendsten ausprägt, das soll gewissermaßen ein fremdes, a n t i=
nationales Reis am Baume dieser Kultur sein?

Diese ganze Anschauung ist bezeichnend für die Unklarheit,
die noch immer, selbst in manchen gelehrten Kreisen, über die
Grundfragen geschichtlichen Lebens herrscht. Auch spielt hier bei
Manchem unverkennbar immer noch ein wenig jene philhellenische
Romantik mit herein, die sich inmitten der Dissonanzen der
modernen Kultur mit einer unbestimmten Sehnsucht erfüllt nach
dem „stillen Tempel der großen alten Zeiten und Menschen",
nach der „Harmonie hellenischen Geisteslebens".

Nun zeigt ja allerdings für die ä s t h e t i s c h e Betrachtung
die hellenische Kultur ein unvergleichlich einheitlicheres Gepräge,
als die moderne. Und wer vermöchte es einem feinsinnigen
Kenner des Hellenentums nicht nachzuempfinden, wenn er in der
Phantasie in eine althellenische Existenz sich zurückversetzt und,
„im Wandeln unter hohen jonischen Säulengängen aufwärts
blickend zu einem Horizont, der durch reine und edle Linien ab=
geschnitten ist, neben sich Widerspiegelungen seiner verklärten Ge=
stalt in leuchtendem Marmor, rings um sich feierlich schreitende
oder zart bewegte Menschen, mit harmonisch tönenden Lauten
und rhythmischer Gebärdensprache" — bei diesem „fortwährenden
Einströmen von Schönheit" zu Apoll die Hände erhebend aus=
ruft: „Seliges Volk der Hellenen".[2]) Aber mit dieser „Einheit
des künstlerischen Stiles in allen Lebensäußerungen des Volkes"[3])
ist das Wesen der Kultur nicht entfernt erschöpft. Im Gegen=
teil! In den rein g e i s t i g e n Lebensäußerungen des Volkes
ist auf der Höhe der Kultur eine i n n e r e Einheit doch nur in
beschränktem Maße zu erkennen. Hier erweist sich jene angeb=
liche Harmonie sofort als eine jener „Illusionen des schönen

---

[1]) Gomperz II, 94.

[2]) Nietzsche, Die Geburt der Tragödie. Werke I, 172.

[3]) Unzeitgemäße Betrachtungen. W. I, 183.

Scheins", die das eigentliche und wahre Wesen der Volkkultur mit dem Schönheitsschleier verdecken. Wer unberührt von „apollinischer Verklärungskraft"[1]) die Dinge einfach geschichtlich beurteilt, wird das Problem noch ganz anders formulieren: er wird sagen:

Das Hellenentum repräsentiert einen H ö h e p u n k t d e r K u l t u r, wie außer ihm nur noch die moderne westeuropäische Völkerwelt. Das Wesen der Volkkultur ist aber auf rein geistigem Gebiete gerade n i c h t Harmonie, sondern recht eigentlich Zwiespältigkeit und Widerspruch. Da von den beiden Grundtypen des seelischen Lebens der eine, der Typus der willkürlichen Bewußtseinsvorgänge (das Hegelsche Prinzip der subjektiven Reflexion) geradezu charakteristisch ist für die Völker der Hochkultur, da hier also im Geistesleben der Nation selbst ein Element wirksam ist, welches beständig die Gebiete des sittlichen, religiösen, sozialen und politischen Lebens dem Bereich des Unwillkürlichen zu entziehen und der Willkür zu überantworten sucht, so kann hier der Volksgeist kein einheitliches, „harmonisches" Gepräge zeigen, er muß in sich selbst alle die Widersprüche bergen, die nun einmal den K u l t u r menschen, wenn er vom Baume der Erkenntnis gegessen, wie ein tragisches Verhängnis verfolgen.[2]) Und der obenerwähnten Seligpreisung Nietzsches könnte man auf der andern Seite die Auffassung seines Lehrers Burckhardt entgegenhalten, der seine klassische Darstellung der griechischen Polis mit den Worten einleitet, die Dante über dem Eingang zum Inferno las: Per me si va nella città dolente! Und wenn sich das auch mehr auf den politischen Lebensprozeß bezieht, so gilt es doch bis zu einem gewissen Grad auch von dem geistigen: Man könnte — die

---

[1]) Zu welchen Absurditäten diese Verklärungskraft führen kann, zeigt die allerdings kaum ernst zu nehmende Frage Nietzsches, ob Sokrates — bei seiner Häßlichkeit — überhaupt ein Grieche gewesen sein könne! (I, 70). Eine unfreiwillige Satire auf die ganze Anschauungsweise!

[2]) „Der Grieche war früher ein individueller Mensch geworden als die übrigen und trug nun hievon den Ruhm und das Unheil in unvermeidlicher Mischung." Burckhardt, Griechische Kulturgeschichte II, 386.

weiteren Worte Dantes frei veränbernd — von den Griechen, wie von jedem Volk der Hochkultur sagen:

> . . . vedrai le genti dolorose,
> ch'hanno trovato il ben' dell' intelletto.

Ein Gut aber ist ja diese Erkenntnis trotz alledem! Sie ist das unentbehrliche Ferment aller höheren Kultur. Und man glaube doch ja nicht, daß mit der „harmonischen" Weltanschauung, die man den Griechen zuschreibt, der Bestand einer wirklichen Geisteskultur vereinbar ist. Denn es ist nun eben einmal eine nicht zu leugnende Thatsache, daß sich der „Geist" mit Vorliebe gerade auf diejenigen niederzulassen pflegt, welche nicht so harmonisch gestimmt sind, und daß eine solche Harmonie, d. h. kampflose Ruhe auf die Dauer notwendig zu geistiger Erschlaffung und Erstarrung führen müßte. „Der Mischtrank zersetzt sich, wenn er nicht geschüttelt wird," hat schon Heraklit gesagt, und ohne Reibung der Geister, d. h. ohne Kampf und Widerstreit kein Leben und keine Bewegung![1] Es sind daher auch keineswegs erst „unsere" Weisen, für welche da ein seelenloser Feuerball sich dreht, wo „in jenem Blütenalter der Natur" Helios seinen goldenen Wagen lenkte. Vielmehr sind es gerade hellenische Denker, welche Helios entthront, Natur und Geschichte entgöttert haben! Und sind sie, — ein Anaxagoras, Thukydibes und so viele Andere — nicht auch Geist vom hellenischen Geist? Und warum sollen es diese freien Geister weniger sein als die gebundenen? Ist nicht gerade das, was den Hellenen von dem Barbaren und seiner autoritätsgläubigen Befangenheit unterscheidet, die Weite und Freiheit seines Strebens und Denkens, der „mächtige Drang zu begreifen und zu verstehen, mit dem Lichte des Denkens das Dunkel der Welt zu erhellen"?[2]

---

[1] „Die Natur der menschlichen Dinge in ihrem weitesten Umfang verlangt ewiges Wirken und Gegenwirken zweier feindlicher Kräfte. Ihre Harmonie ist der Tod, weil mit der Überwältigung der einen auch die andere stirbt." Fallmerayer, Geschichte der Halbinsel Morea im Mittelalter I, 109.

[2] Euden, die Lebensanschauungen der großen Denker. 16.

Nach der hier bekämpften Anschauung ist echt hellenisches Wesen im Grunde nur bei den Elementen des hellenischen Volkes zu finden, deren geistiges Auge noch gänzlich verhüllt war durch den Schleier, den das mythologische Denken gewoben, bei denen die Fähigkeit zu gegenständlicher von der äußeren Autorität der Tradition unabhängiger Auffassung der Welt und des Lebens noch nicht entwickelt war, also überwiegend bei den zurückgebliebenen Volksschichten, die — von tieferstehenden Bewußtseinsformen beherrscht — inmitten der hellenischen Vollkultur eine niedrigere Entwicklungsstufe geistigen Lebens repräsentierten.   Der Teil des Volkes, der begonnen hatte, sich historisch zu begreifen und das „mythische Bollwerk um sich herum" abzutragen, der mit „der unbewußten Metaphysik seines früheren Daseins gebrochen", der soll sich damit „vom heimischen Boden losgelöst" haben, „Niedergangstypus", Decadence sein.   Nur der „von Mythen geleitete Mensch, der unwillkürlich alles Erlebte sofort an Mythen anknüpfte, — der soll der typische Repräsentant des echten Hellenentums sein, das „die auf Vernichtung des Mythos gerichtete Sokratik" zerstört hat.[1]

Man vergegenwärtige sich doch nur die Konsequenz dieser Anschauungsweise! Gerade die höchste Leistung eines großen Kulturvolkes, seine geistige Arbeit, soll mit seinem innersten Wesen in Widerspruch stehen, antinational sein! Von Demokrit, der die Gemüter von dem Druck der „Mythen=Bildung" über das Leben nach dem Tode befreit wissen wollte[2], von Anaxagoras, der die Himmelskörper im Sinne nüchterner Naturerklärung betrachten lehrte, von Protagoras, der in seinem Buche über die Götter eine scharfe Grenzlinie zwischen den Gebieten des Wissens und des Glaubens zog, von Thukydides, der auch den geschichtlichen Verlauf dem strengen Kausalitätsgesetz unterwarf und uns gelehrt hat, die Ereignisse aus menschlichen

---

[1] Nietzsche a. a. O. W. I, 161. 163. Sokrates und Plato sind auch ihm Verfallssymptome, Werkzeuge der Auflösung, pseudogriechisch, antigriechisch u. s. w.! S. I, 69.

[2] ψεύδεα περὶ τοῦ μετὰ τὴν τελευτὴν μυθοπλαστέοντες φόβοι. E. Stobäus III, 232 (Meineke).

Motiven zu erklären, von Sokrates, dem Meister der Begriffs=
forschung und so vielen Anderen, auf ähnlicher Höhe Stehenden
müssen die Vertreter dieser Ansicht, — wie Aspasia im Hammer=
lingschen Roman von Perikles — sagen, sie seien eigentlich keine
Griechen mehr!

Wo ist dann echt hellenischer Geist zu suchen? Nach der
genannten Geschichtsauffassung müßte die Antwort lauten:
Bei Leibe nicht da, wo wirklich Geist ist, sondern in der „vom
Gipfelpunkt geistiger Entwicklung", von der „lichten Geistes=
kraft gereister Männer" möglichst weit entfernten „Dumpfheit
des Kindesalters",[1] — bei dem Orakelpriester Diopeithes und
dem blöden Haufen, der ihm das Gesetz gegen die Männer
durchbringen half, die „nicht an die Götter glaubten" und „über
die himmlischen Dinge neue Lehren vortrügen", — bei den
Dunkelmännern, welche die Klage auf Asebie gegen Prodikos,
die Einziehung und öffentliche Verbrennung seiner Schriften ver=
anlaßten, — im Lager endlich des schwachköpfigen Greises und
der abergläubischen Menge,[2] für die eine Mondfinsternis der
Anlaß wurde, sich und den Staat ins Verderben zu stürzen.
Und das sollen die Griechen sein, die man als „unsere leuchten=
den Führer" proklamiert, vor denen einst als den „Quellen
aller Ketzerei" ein Campanella die deutschen Ingenia bewahrt
wissen wollte? Im Hinblick auf die „Befreiung des Menschen",
die wir als ureigenste That des hellenischen Geistes verehren,
hat einmal ein geistvoller Mann gesagt: „Die Geschichte des
Altertums enthält ein Stück moderner Geschichte; die Geschichte
des Mittelalters allein ist alt".[3] Jetzt sieht man in dem, was
die hellenische Kultur an mittelalterlicher Gebundenheit noch in

---

[1] So charakterisiert (nicht ohne starke Übertreibung) Gomperz den
Gegensatz zwischen der Geschichtschreibung des Thukydides und der Hero=
dots. I, 397.

[2] Die übrigens von Thukydides nur als die „Mehrheit" be=
zeichnet wird (οἱ πλείους VII, 50. 4), also auch hier keineswegs den
Gesamtgeist vertritt.

[3] S. Bagehot, Der Ursprung der Nationen, S. 192. Übrigens ist
die genannte Äußerung über das Mittelalter in dieser Allgemeinheit
nicht richtig.

sich schloß, und was in gewisser Hinsicht nicht einmal specifisch hellenisch, sondern ebensogut orientalisch war, allein das echt Hellenische, Nationale!

Wenn die Träger der hellenischen Hochkultur keine rechten Hellenen mehr sind, dann sind wir auch keine Germanen mehr. Sonst müßten wir — um mit Gomperz zu reden — noch so viel „ungebrochenes Naturempfinden" besitzen, in den Bergesgipfeln erstarrte Riesen zu sehen; im Wasserfall und Bergsee müßten für uns noch Nixe und Wassermann, in den Felsklüften Zwerge und Kobolde, unter den Baumwurzeln die Elben und Wichtel= männchen hausen! — Ich wüßte nicht, wie man sich auf dem Standpunkt von Gomperz dieser Konsequenz entziehen kann!

Man könnte zur Kennzeichnung jenes Nationalhellenischen geradezu die Worte hierhersetzen, mit denen der Chor der Bacchen (416 ff.) aller höheren Geisteskultur den Krieg erklärt:

$$\text{Μισεῖ (ὁ δαίμων) ᾧ μὴ ... μέλει ...}$$
$$\text{σοφὰν ἀπέχειν πραπίδα φρένα τε}$$
$$\text{περισσῶν παρὰ φωτῶν.}$$
$$\text{τὸ πλῆθος ὅτι τὸ φαυλότερον}$$
$$\text{ἐνόμισε χρῆταί τε, τόδε λεγοίμην ἄν.}$$

Übrigens ist selbst dieser geistig gebundenen Menge das „Prinzip der subjektiven Reflexion", welches sie nach Hegel= Gomperz in der Person des Sokrates als ein „für sie ver= derbliches" verurteilt haben soll, keineswegs so ganz fremd geblieben. Im Gegenteil! Sie hat es seit Jahrhunderten zum Teil recht energisch bethätigt!

Wenn es nach Gomperz das „Verhängnis der Philosophie" gewesen sein soll, daß sie von Anfang an „auf die nationale Lebens= ansicht und Lebensordnung zersetzend eingewirkt hat",[1) so teilt die Demokratie diese „Schuld" mit den Philosophen durch= aus. Als die Demokratie um die Wende des sechsten Jahr= hunderts mit ihrem Freiheits= und Gleichheitsprinzip, — dem Ergebnis der denkbar subjektivsten Reflexion! — der Gebunden= heit der das ältere Hellas beherrschenden nationalen Lebens= ansicht und Lebensordnung entgegentrat, hat sie in ungleich

---

[1) Gomperz II, 94.

Zug[1]) jener „reifen und verftandeslichten Epoche,[2]) deren Denken
mit Keimen der Skepsis so reichlich geschwängert" war,
wie etwa die Luft oder das Wasser nach der Lehre des
Anaxagoras mit dem Samen der Dinge".[3])

Man traut seinen Augen kaum, wenn man den Geift der
Epoche auf einmal in dieser Beleuchtung sieht. Das „Denken des
Zeitalters" erscheint hier also durch und durch infiziert mit
zersetzender Reflexion; es charakterisiert sich durch eine schwankende
Unsicherheit, „übergroße geistige Geschmeidigkeit"[4]) — und plötzlich, wo es sich um Sokrates handelt, ist es das gesamte
nationale Wesen, welches sich gegen die „auflösenden Tendenzen"
aufbäumt; dasselbe nationale Wesen, dessen „reichliche Schwän-
gerung mit Keimen der Skepsis vorher so drastisch geschildert ist.
Und während wir noch ganz unter dem Eindruck der „Ruhelosigkeit und Neuerungssucht" des Zeitalters stehen, sollen wir
uns auf einmal in die entgegengesetzte Vorstellung hineinleben,
nach welcher die vorherrschende politische Richtung, die Demokratie von dieser Ruhelosigkeit am wenigsten ergriffen erscheint.
Der „Geist" der Demokratie wird nämlich von Gomperz geradezu
als ein „konservativer" bezeichnet[5]), der sich gegen die bösen Philosophen als die Feinde dieses konservativen „nationalen Wesens"
auflehnt, die „jetzt (am Ende des fünften Jahrhunderts!) die
alte Enge, die alte Traulichkeit, die alte Wärme und Kraft
des hellenischen Lebens zu zerstören drohten".[6]) Alte Traulichkeit im Zeitalter des peloponnesischen Krieges, der furcht-
barsten Krisis ($\varkappa\iota\nu\eta\sigma\iota\varsigma$ $\mu\varepsilon\gamma\iota\sigma\tau\eta$!), die in historischer Zeit das
innere und äußere Leben der Nation jemals durchgemacht hat!
Alte Enge in dem Athen des gewaltigen Seereiches, von dem
Gomperz selbst einmal sagt, daß in ihm, der „altväterische ge-
mächliche Zug", der die älteren Phasen des athenischen Lebens
kennzeichne, „bis auf die letzte Spur geschwunden" gewesen sei![7]) In dem Athen, dessen „leidenschaftlicher Machtgier"

---

    [1]) I, 310. — [2]) I, 314. — [3]) I, 182. — [4]) I, 189. — [5]) II, 35. —
[6]) Ebenda. — [7]) II, 35.

gemeinen" Geist, mit dem sich die Subjektivität in Widerspruch setzt, von vorneherein gegenstandlos macht.[1])

Wie sehr nun aber in dem Athen „dieses von dem Anker=grund der Autorität und des Herkommens sich losreißenden Zeitalters"[2]) gerade die vorwärtstreibenden Kräfte an Terrain gewonnen hatten, das zeigen zur Genüge die Erscheinungen der damaligen athenischen Bühne, die hier mehr als jemals sonst in der Geschichte die Welt bedeutete. Mit dem „Philosophen der Bühne", mit Euripides, wird der Geist der Erörterung, der die Bildung der Epoche beherrscht, auch auf dem Theater heimisch.[3]) Die dramatische Poesie wird zu einem Organ der Reflexion,[4]) und zwar einer Reflexion, die zum Teil der des Anaxagoras und Prodikos unmittelbar geistesverwandt ist.[5]) Denn die Denkweise, die in diesen Geistesschöpfungen sich ausprägt, sieht in der ganzen Welt gleichsam ein großes Problem, als ein

---

[1]) Treffend bemerkt Burckhardt, Griechische Kulturgeschichte, II, 341, in seiner „Gesamtbilanz des griechischen Lebens", wie schwierig es ist, auch nur eine herrschende durchschnittliche Ansicht des Lebens fest=zustellen. „Bei der Ausbreitung des griechischen Geistes nach allen Weiten, Höhen und Tiefen ist eine gewaltige Fülle von Sondermeinungen entstanden, welche wohl wesentlich griechisch und oft sehr hohe Zeugnisse vom geistigen Vermögen der Nation sind, aber keineswegs dem Ganzen derselben entsprachen und schon unter sich die stärksten Widersprüche bilden können."

[2]) Gomperz II, 10.

[3]) Eine völlig neue Erscheinung ist freilich auch das nicht. Denn auch bei Sophokles, ja schon bei Äschylos, fehlt es nicht an Raisonnement. Man denke an die Eumeniden, an Antigone u. a.!

[4]) Aristophanes nennt ihn persiflierend den ποιητής ῥηματίων δικανικῶν (Friede 534). Man kann ein Wort, mit dem einmal Maupassant die in seinem Innern gärenden Gedankenwelt gekennzeichnet hat, un=mittelbar auf die Dichtung des Euripides anwenden und sagen: Sie stellt ein „Kampffeld der Gedanken" dar.

[5]) Aristophanes läßt den Dichter sagen (Frösche 971 ff.):

τοιαῦτα μέντοὐγὼ φρονεῖν
τούτοισιν εἰσηγησάμην,
λογισμὸν ἐνθεὶς τῇ τέχνῃ
καὶ σκέψιν, ὥστ' ἤδη νοεῖν
ἅπαντα κτλ.

höherem Grade zerstörend und zerseßend auf das Bestehende
eingewirkt, als dies irgend eine, zunächst doch immer nur auf
Minderheiten wirkende Philosophie zu thun vermöchte. Hier
traf in der That das zu, was Gomperz von dem Gerichtstag
des Sokrates behauptet, daß zwei Weltanschauungen, man
möchte sagen zwei Menschheitsphasen mit einander rangen.[1]) Und
zwar erscheint hier die Demokratie als Vertreterin **derselben**
Menschheitsphase, wie zweihundert Jahre später die Sokratik.

Welch eine Revolution in Sitten und Lebensanschauungen
bedeutete diese Epoche des Emporkommens der Demokratie und
der demokratischen Tyrannis! Welch ein kühnes Hinwegschreiten
über die altgewohnten Ideenkreise, über das Herkommen, über
das historische Recht, wenn die Rücksicht auf Zweckmäßigkeit,
auf das Vernunftgemäße, d. h. doch eben das Prinzip der sub=
jektiven Reflexion, eine Änderung zu fordern schien!

Hat nicht die Demokratie dieses Prinzip geradezu auf den
Thron gesetzt, indem sie mit Vorliebe einzelne große Individualitäten
mit der Macht betraute, nach **eigenem persönlichsten** Er=
messen das Alte abzuthun und durch ein völlig Neues zu ver=
drängen? Man traut angesichts dieser Thatsache seinen Augen
kaum, wenn man z. B. bei Zeller liest, daß die „ältere griechische
Denkweise", der er noch die Zeitgenossen des Aristides und
Miltiades huldigen läßt, „die Einrichtungen, Sitten und Gewohn=
heiten der Gemeinde für etwas Unantastbares und jeden ernst=
haften Versuch zu ihrer Verbesserung(!), jede tiefergehende Neuerung
für einen strafbaren Angriff auf die Grundlagen der bürgerlichen
Gesellschaft hielt".[2]) Man fragt sich erstaunt, wenn dies allgemeine
altgriechische Ansicht war, wie konnte dann überhaupt der Staat des
hellenischen Mittelalters in Trümmer gehen und die Demokratie
emporkommen?

Damals hat sich der im Staate verkörperte „objektive Geist"
gegen die zerseßende Reflexion der Demokratie gerade so auf=

---

[1]) II, 90.

[2]) Gesch. d. griech. Phil. II (1), 227. Man sieht auch hier wieder
recht deutlich, wie verbreitet die genannte konventionelle Anschauung von
der griechischen Geschichte ist!

gelehnt, wie diese später gegen die Philosophen.[1]) Die Vertreter dessen, was damals „unmittelbar galt", warfen ihr vor, daß durch sie die „Scham" (d. h. die kritiklose Hingabe an das Bestehende) untergegangen sei, die „Schamlosigkeit gesiegt und das ganze Land eingenommen habe".[2]) — Wie kann mit dem Geiste dieser Demokratie, die selbst die klassische Verkörperung des ausgeprägtesten Individualismus ist, das Prinzip der subjektiven Reflexion in Widerspruch stehen? Dasselbe Prinzip, aus dem sie am Anfang des sechsten Jahrhunderts gegenüber den Anhängern des Alten ihre Kraft schöpfte, soll um die Wende des fünften und vierten für sie etwas wesentlich Neues, ihrer innersten Natur Widerstrebendes gewesen sein?

Es ist ja gerade der unsterbliche Ruhmestitel der hellenischen Demokratie, daß sie die Befreiung des Menschen vom Joch des ererbten Gebrauchs und überlebter gesellschaftlicher Normen durch-

[1]) Freilich mit nicht geringerem Unrecht! Denn das Erwachen der politischen Reflexion in der Masse ist wenigstens zum Teil auch das Ergebnis einer Rationalisierung des Lebens innerhalb der damals herrschenden Klasse, in der der kapitalistische Individualismus in stetig steigendem Maße die patriarchalischen Verhältnisse einer älteren Zeit den Erwägungen eines ökonomischen Kalküls, also auch „dem Prinzip der subjektiven Reflexion" unterwarf und damit eben auf der andern Seite selbst den Widerspruch gegen das Bestehende entfesseln half. Vgl. meinen Aufsatz: Die Anfänge des Sozialismus in Europa. Hist. Zeitschr. 1898, Bd. 43, S. 404 ff. Bei dieser Gelegenheit sei auch die seltsame Behauptung von Gomperz (II, 15) zurückgewiesen, als sei es meine Ansicht, daß der „extreme Individualismus" und „ethische Materialismus" erst ein Erzeugnis der Aufklärung und Sophistik sei. Ich weiß natürlich so gut wie Gomperz, daß der Mensch vor der „Aufklärung nicht weniger Egoist und sein Egoismus nicht weniger brutal war". Wenn mir Gomperz den Bauern Hesiods als älteren Individualisten entgegenhält, weil er den überflüssigen Lohnarbeiter auf die Straße setzt, so hätte er noch viel weiter zurückgehen und auf den Wilden verweisen können, der den für ihn wertlosen Gefangenen auffrißt. Gewiß ein noch extremerer Individualismus und Materialismus! — Und mit solchen Binsenwahrheiten soll meine Darstellung (Geschichte des antiken Kommunismus und Sozialismus I, S. 148 ff.), auf die sich hier Gomperz bezieht, in Widerspruch stehen?

[2]) Theognis V, 289 ff.

gesetzt und Jedem wenigstens das formale Recht erkämpft hat,
sich seiner Natur gemäß zu entwickeln und auszuleben. Mit
der Demokratie beginnt in Hellas das Zeitalter der Diskussion,
der „Erörterung", in dem sich die hellenische Welt — um
die Wende des siebenten und sechsten Jahrhunderts! — auf
die Höhe der Vollkultur erhoben hat. Das eben in der
Reflexion wurzelnde Bedürfnis, die Individualität zur Geltung
zu bringen, als ein selbständiges und in dieser seiner berechtigten
Selbständigkeit anerkanntes Element der Gesamtheit gegen-
überzutreten, wo hat es entschiedenere Anerkennung gefunden,
als in jener herrlichen Programmrede des Perikles, in der der
größte Geschichtschreiber der Nation der Demokratie ihr ideales
Spiegelbild vor Augen hält?

Mit dem Prinzip aber hatte die Demokratie auch die
Konsequenzen desselben auf sich genommen! Wo einmal die
überlieferte Lebensansicht und Lebensordnung der Diskussion
freigegeben war, da mußte die „Erörterung" über kurz oder lang
zu einem ständigen Bedürfnis, zur Gewohnheit werden, mußte
der geheiligte Zauber des bloßen Herkommens mehr und mehr
schwinden. Was man von der Demokratie überhaupt gesagt
hat, daß sie wie das Grab sei, indem sie nur nehme, aber nicht
gebe, das gilt in gewissem Sinne auch für die von ihr geforderte
Freiheit der Erörterung. „Ein Gegenstand, der einmal diesem
Gottesurteil unterworfen wurde, kann ihm nie wieder entzogen
werden. Er kann nie wieder in Geheimnisse gehüllt oder durch
eine Weihe geschützt werden: er bleibt immer der freien Wahl
und der profanen Erörterung ausgesetzt".[1]

Gerade das demokratische Athen des fünften Jahrhunderts
bietet dafür ein klassisches Beispiel. Kein Geringerer als Gomperz
selbst hat darauf hingewiesen, wie mächtig die demokratische Neu-
gestaltung der staatlichen und gesellschaftlichen Verhältnisse den
Geist der Kritik entfesselt hat, wie gerade die innere Logik
der demokratischen Entwicklung selbst die Reflexion über eine
„Fülle von Problemen" erzeugt hat, die eben dieser Neu-

---

[1] Bagehot a. a. O 185.

gestaltung „entsprangen". Er weist darauf hin, wie die die
freie Erörterung beherrschende Frage nach der Berechtigung
der widerstreitenden Meinungen und Interessen ganz von selbst
zu der prinzipiellen Frage führte: Was kann im Staats=
leben überhaupt vor Vernunft und Gerechtigkeit bestehen, oder,
wie wir hinzufügen dürfen: Was ist „von Natur" recht und was
nur durch den Zwang der „Satzung"? — Und weiterhin,
— meint Gomperz wieder ganz zutreffend, — „war es un=
vermeidlich, daß die im politischen Bereich erwachte Fragelust
und Forschbegier nicht an seinen Grenzen Halt machte, sondern
auf andere und schließlich auf alle Kreise menschlichen Wirkens
und Schaffens übergriff".[1]

Die „neue Richtung", als deren „Stimmführer" Sokrates
von der Demokratie Athens mit Recht verurteilt sein soll, wird
hier also ganz unbefangen und im Widerspruch zu der sonstigen
Auffassung der Dinge als Entwicklungsprodukt der
Demokratie selbst, als eine gerade dem demokratischen
Geist immanente psychische Erscheinung anerkannt.

Was aber von diesem gilt, das gilt selbstverständlich auch
von dem Volke, das so wie das athenische eben vom Geiste
der Demokratie durchdrungen war. In der That hat sich
Gomperz da, wo er das Umsichgreifen und Erstarken des
kritischen, autoritätsfeindlichen Sinnes, das „Aufklärungszeitalter
Athens" schildert, durchaus in diesem Sinne geäußert. Er
spricht so allgemein, wie ich es nicht einmal für richtig halte,
von einem „ruhelosen, neuerungssüchtigen Zeitalter", in dem
das Streben nach rationeller Regelung aller Verhältnisse
mehr und mehr zur Herrschaft gelangt sei.[2] Die „ja von
ihrem Publikum abhängigen" Sophisten sind für ihn nur
„Organ" der „wenn nicht schon herrschenden, so doch im
Aufschwung begriffenen Geistesrichtung".[3] Hochgesteigerte
Schätzung alles Verstandesmäßigen, der „Intellektualismus"
ist nach Gomperz geradezu der „am meisten charakteristische"

---

[1] I, 308. — [2] I, 311. — [3] I, 334.

Zug[1]) jener „reifen und verstandeslichten Epoche,[2]) deren Denken
mit Keimen der Skepsis so reichlich geschwängert" war,
wie etwa die Luft oder das Wasser nach der Lehre des
Anaxagoras mit dem Samen der Dinge".[3])

Man traut seinen Augen kaum, wenn man den Geist der
Epoche auf einmal in dieser Beleuchtung sieht. Das „Denken des
Zeitalters" erscheint hier also durch und durch infiziert mit
zersetzender Reflexion; es charakterisiert sich durch eine schwankende
Unsicherheit, „übergroße geistige Geschmeidigkeit"[4]) — und plötz=
lich, wo es sich um Sokrates handelt, ist es das gesamte
nationale Wesen, welches sich gegen die „auflösenden Tendenzen"
aufbäumt; dasselbe nationale Wesen, dessen „reichliche Schwän=
gerung mit Keimen der Skepsis vorher so drastisch geschildert ist.
Und während wir noch ganz unter dem Eindruck der „Ruhe=
losigkeit und Neuerungssucht" des Zeitalters stehen, sollen wir
uns auf einmal in die entgegengesetzte Vorstellung hineinleben,
nach welcher die vorherrschende politische Richtung, die Demo=
kratie von dieser Ruhelosigkeit am wenigsten ergriffen erscheint.
Der „Geist" der Demokratie wird nämlich von Gomperz geradezu
als ein „konservativer" bezeichnet[5]), der sich gegen die bösen Phi=
losophen als die Feinde dieses konservativen „nationalen Wesens"
auflehnt, die „jetzt (am Ende des fünften Jahrhunderts!) die
alte Enge, die alte Traulichkeit, die alte Wärme und Kraft
des hellenischen Lebens zu zerstören drohten".[6]) Alte Trau=
lichkeit im Zeitalter des peloponnesischen Krieges, der furcht=
barsten Krisis (κίνησις μεγίστη!), die in historischer Zeit das
innere und äußere Leben der Nation jemals durchgemacht hat!
Alte Enge in dem Athen des gewaltigen Seereiches, von dem
Gomperz selbst einmal sagt, daß in ihm, der „altväterische ge=
mächliche Zug", der die älteren Phasen des athenischen Lebens
kennzeichne, „bis auf die letzte Spur geschwunden" ge=
wesen sei![7]) In dem Athen, dessen „leidenschaftlicher Machtgier"

---

[1]) I, 310. — [2]) I, 314. — [3]) I, 182. — [4]) I, 189. — [5]) II, 35. —
[6]) Ebenda. — [7]) II, 35.

nach Gomperz „kein Ziel zu hoch dünkte, das alles Erreichte
für nichts achtete, solange es noch Weiteres zu erreichen gab"![1])
Und dieses Athen hat auf die Philosophen warten müssen,
um aus seinem traulich-engen Dasein herausgerissen zu werden!
Das reime sich, wer kann!

Wenn es der „Volksgeist Athens" gewesen sein soll, der
in dem Prozeß des Sokrates gegen das ihm feindliche Prinzip
der subjektiven Reflexion auftrat, so liegt doch die Frage nahe,
wie hat sich denn damals dieser Volksgeist sonst im Leben des
Staates bethätigt? Eine Frage, auf die der größte Herzens-
kundiger seines Volkes eine Antwort gegeben hat, die an Un-
zweideutigkeit nichts zu wünschen übrig läßt.

Mit unübertroffener Meisterschaft hat Thukydides dargethan,
wie damals aus den inneren Gegensätzen und Krisen des Volks-
lebens selbst eine Richtung der Geister, eine Stimmung der Gemüter erwachsen mußte, die in der Zersetzung der religiösen und
moralischen Begriffe, in der „Umwertung der Werte"[2]) hinter
keinem philosophischen Radikalismus zurückblieb. Man denke
nur an die nüchterne, rein verstandesmäßige in ihrer logischen
Unerbittlichkeit geradezu cynische Art der Reflexion, welche der
Geschichtschreiber den Vertretern der athenischen Demokratie in
den Mund legt. Da wird von dem nationalen Glauben an
Orakel und Weissagungen mit vernichtendem Hohn geredet[3]) und
die überlieferte religiöse Ansicht von dem Walten der Gottheit
als der Hüterin des Rechtes mit der kühlen Erwägung abgethan,
daß es sich bei der Frage nach Recht und Gerechtigkeit um
Naturthatsachen handelt, daß es einen objektiven Maßstab
für ihre Entscheidung überhaupt nicht gibt, weil das Recht immer
auf derjenigen Seite ist, welche die Macht hat. Gegenüber
diesem Naturgesetz wird jede Berufung auf ein angeblich höheres

---

[1]) Ebenda.

[2]) III, 82, 3: τὴν εἰωθυῖαν ἀξίωσιν τῶν ὀνομάτων ἐς τὰ ἔργα
ἀντήλλαξαν τῇ δικαιώσει.

[3]) V, 103.

göttliches Recht ausdrücklich abgelehnt.[1]) Als das Entscheidende
wird die gesunde Vernunft[2]) proklamiert, welche in der Ver=
folgung von Vorteil und Genuß objektive Bedenken der Art
nie anerkannt habe, noch je anerkennen werde.[3]) Ein
andermal wird gegen den sentimentalen „Unverstand" geeifert,
der sich zu seinem Unglück von der Macht bloßer Worte, wie
„Ehre" und „Schande" bestechen läßt[4]), statt in rationeller Weise
den „Nutzen" zum Maßstab des Handelns zu machen.[5])   „Was
einmal als geheiligte Überlieferung, als kostbares Vermächtnis
der Altvordern gerühmt wird, wird ein andermal als kraftlose
Biedermeierei verspottet.[6])

Man vergesse nicht, daß es sich in dem Geschichtswerk des
Thukydides vorwiegend um Bewegungen von großen Gesamt=
heiten handelt[7]), daß im Thun und Reden der von ihm vor=
geführten geschichtlichen Persönlichkeiten bis zu einem gewissen
Grade auch Geist und Gesinnung derer sich widerspiegelt, in
deren Namen sie auftreten.   Wie hätte er den Vertretern des
athenischen Demos jene rationalistische Vernunftmoral[8]) in den
Mund legen können, wenn er nicht überzeugt gewesen wäre,
damit eine im Denken und Empfinden des Demos wirklich
vorhandene Tendenz zum Ausdruck zu bringen?   Wie kann
dann aber dieser Demos noch als solcher der Vertreter

---

[1]) V, 105. S. I, 76.

[2]) Der ἀνϑρώπειος λόγος V, 89.

[3]) Ebenda.

[4]) V, 111.

[5]) VI, 85. Diese Ansicht konnte der Athener übrigens auch auf der
Bühne verkünden hören. S. Euripides, Äolos, fr. 19: τί δ'αἰσχρόν, ἢν
μὴ τοῖσι χρωμένοις δοκῇ.

[6]) Gomperz II, 23. Die „Routine alles Bösen", wie es Burckhardt,
Griechische Kulturgeschichte, I, 129, treffend bezeichnet hat.

[7]) s. Bruhns, Das historische Portrait der Griechen, S. 4.

[8]) Dieselbe ist übrigens uralt und der „guten alten" Zeit des
Aristokratismus ebenso bekannt wie der Demokratie. Vgl. Hesiod, W. u.
T. 402 ff. Auch Sparta hat sich ihrer — ohne Sophisten — zu bedienen
gewußt.

einer unreflektierten Sittlichkeit gegen die sokratische Reflexion sein?[1])

„Ihr seid Sklaven des Paradoxen und Verächter des Herkömmlichen", — sagt Kleon einmal von den Athenern bei Thukydides, — „Ihr gleicht den Gaffern auf den Bänken der Sophisten."[2] Νεωτεροποιοί nennt sie ebenda ein Vertreter Korinths.[3]) Soviel habe man in Athen schon versucht, — meint Aristophanes, — daß nur noch der radikalste Umsturz etwas Neues bringen könne.[4]) Denn „es herrscht Fortschreiten und Neuern und Verachten des Altherkömmlichen hier als wahre und einzige Weisheit".[5] — Kein Mensch wird solche Äußerungen wörtlich nehmen. So gewaltig ein Zeitalter vom Geiste der Aufklärung und der Neuerung ergriffen sein mag, derselbe wird doch nie jenen mächtigen Unterströmungen in den Tiefen der unlogischen und irrationalen Volksseele zum Versiegen bringen, die den Zusammenhang mit den Mächten der Vergangenheit vermitteln. Allein wenn jene Urteile überhaupt einen Sinn haben sollen, so kann man doch auch nicht mehr schlechthin von einem „konservativen" Geist der Demokratie überhaupt reden, einer Demokratie, in der „die Revisionslust in Permanenz ist."[6]) Es bleibt immer die Thatsache, daß durch das Leben und Denken dieses Volkes, wie jedes Kulturvolkes, ein Dualismus hindurchgeht zwischen den Tendenzen der sozialen und geistigen Bewegung und denen des Beharrens, die man stets gleichzeitig ins Auge fassen muß, wenn man ein wirklich zutreffendes Bild von den im Volke überhaupt lebendigen Kräften gewinnen will. Eine im Volksgeist selbst vorhandene Zwiespältigkeit, die freilich für diese Zeit die Anschauung von einem „objektiven" und „all-

[1]) Mit Recht hat schon Zeller bemerkt, daß hier „die sittlichen und politischen Zustände mit der sophistischen Wendung der Wissenschaft durchaus gleichen Schritt schritten". II, 1⁴, S. 25.

[2]) IV, 38, 5.

[3]) I, 10, 2.

[4]) ἐδόκει γὰρ — heißt es Ekklesiazusen 456 von der geplanten Frauenherrschaft — τοῦτο μόνον ἐν τῇ πόλει οὔπω γεγενῆσθαι.

[5]) Ebenda 586.

[6]) Burckhardt, I, 87.

gemeinen" Geist, mit dem sich die Subjektivität in Widerspruch setzt, von vorneherein gegenstandlos macht.[1])

Wie sehr nun aber in dem Athen „dieses von dem Anker= grund der Autorität und des Herkommens sich losreißenden Zeitalters"[2]) gerade die vorwärtstreibenden Kräfte an Terrain gewonnen hatten, das zeigen zur Genüge die Erscheinungen der damaligen athenischen Bühne, die hier mehr als jemals sonst in der Geschichte die Welt bedeutete. Mit dem „Philosophen der Bühne", mit Euripides, wird der Geist der Erörterung, der die Bildung der Epoche beherrscht, auch auf dem Theater heimisch.[3]) Die dramatische Poesie wird zu einem Organ der Reflexion,[4]) und zwar einer Reflexion, die zum Teil der des Anaxagoras und Prodikos unmittelbar geistesverwandt ist.[5]) Denn die Denkweise, die in diesen Geistesschöpfungen sich ausprägt, sieht in der ganzen Welt gleichsam ein großes Problem, als ein

---

[1]) Treffend bemerkt Burckhardt, Griechische Kulturgeschichte, II, 341, in seiner „Gesamtbilanz des griechischen Lebens", wie schwierig es ist, auch nur eine herrschende durchschnittliche Ansicht des Lebens fest= zustellen. „Bei der Ausbreitung des griechischen Geistes nach allen Weiten, Höhen und Tiefen ist eine gewaltige Fülle von Sondermeinungen entstanden, welche wohl wesentlich griechisch und oft sehr hohe Zeugnisse vom geistigen Vermögen der Nation sind, aber keineswegs dem Ganzen derselben entsprachen und schon unter sich die stärksten Widersprüche bilden können."

[2]) Gomperz II, 10.

[3]) Eine völlig neue Erscheinung ist freilich auch das nicht. Denn auch bei Sophokles, ja schon bei Äschylos, fehlt es nicht an Raisonnement. Man denke an die Eumeniden, an Antigone u. a.!

[4]) Aristophanes nennt ihn persiflierend den $\pi o\iota\eta\tau\dot{\eta}\varsigma$ $\dot{\varrho}\eta\mu\alpha\tau\iota\omega\nu$ $\delta\iota\kappa\alpha\nu\iota\kappa\tilde{\omega}\nu$ (Friede 534). Man kann ein Wort, mit dem einmal Maupassant die in seinem Innern gärenden Gedankenwelt gekennzeichnet hat, un= mittelbar auf die Dichtung des Euripides anwenden und sagen: Sie stellt ein „Kampffeld der Gedanken" dar.

[5]) Aristophanes läßt den Dichter sagen (Frösche 971 ff.):

$$\tau o\iota\alpha\tilde{\upsilon}\tau\alpha\ \mu\dot{\varepsilon}\nu\tau o\iota\gamma\tilde{\omega}\ \varphi\varrho o\nu\varepsilon\tilde{\iota}\nu$$
$$\tau o\dot{\upsilon}\tau o\iota\sigma\iota\nu\ \varepsilon\dot{\iota}\sigma\eta\gamma\eta\sigma\dot{\alpha}\mu\eta\nu,$$
$$\lambda o\gamma\iota\sigma\mu\dot{o}\nu\ \dot{\varepsilon}\nu\vartheta\varepsilon\dot{\iota}\varsigma\ \tau\tilde{\eta}\ \tau\dot{\varepsilon}\chi\nu\eta$$
$$\varkappa\alpha\dot{\iota}\ \sigma\varkappa\dot{\varepsilon}\psi\iota\nu,\ \tilde{\omega}\sigma\tau'\ \tilde{\eta}\delta\eta\ \nu o\varepsilon\tilde{\iota}\nu$$
$$\ddot{\alpha}\pi\alpha\nu\tau\alpha\ \varkappa\tau\lambda.$$

Spiegelbild desjenigen Problems, zu dem sich das eigene Leben für den vollentwickelten Menschen der Hochkultur immer mehr gestaltet.[1]) Das Bedürfnis der Vollkultur, alle Gebilde der Welt immer mehr der menschlichen Willkür zu unterwerfen und im Sinne idealer Forderungen umzuformen, es kommt hier in typischer Weise zum Ausdruck.

So werden hier in Gegenwart des gesamten Volkes die überlieferten Vorstellungen über Leben und Gesellschaft, über Götter- und Menschenwelt vor den Richterstuhl der Vernunft gefordert und mit rücksichtsloser Schärfe auf ihre innere Berechtigung geprüft. Mit souveräner Kühnheit wird das Recht der „Natur" dem der „Satzung", das Recht der Individualität und des freien Gedankens nicht nur der Autorität der Sitte und des Herkommens, sondern auch des Glaubens gegenübergestellt". Was bleibt z. B. von dem volkstümlichen Götterglauben noch übrig, wenn man sich die Consequenzen vergegenwärtigt, zu denen die euripideische Kritik der anthropomorphen Elemente der Göttersage mit psychologischer Notwendigkeit führen mußte, und die der Dichter bis zu einem gewissen Grade ja selbst schon gezogen hat? Eine Skepsis, die es keineswegs so ganz unbegründet erscheinen läßt, wenn ihm die Komödie vorwarf, er habe den Leuten eingeredet, daß es überhaupt keine Götter gebe![2])

Ein Vorwurf, der übrigens nicht etwa der Ausdruck einer Reaktion des „Volksgeistes" ist. Denn der stete Hinweis des Aristophanes auf die gute alte Zeit ist ja lediglich ein Hilfsmittel, um durch die Wirkung des Kontrastes den Eindruck der an der Gegenwart geübten Kritik zu steigern. Gerade Aristophanes ist ja recht eigentlich ein Kind dieser Gegenwart und

---

[1]) Nach der treffenden Bemerkung Vierkandts über den Dichter der Vollkultur. A. a. O. S. 249.

[2]) Vgl. z. B. fr. 483: Ζεὺς ὅστις ὁ Ζεύς·
οὐ γὰρ οἶδα πλὴν λόγῳ κλύων.

Dazu die zahlreichen Äußerungen über die Unvereinbarkeit des Irrationalen im Menschenschicksal mit der Idee einer göttlichen Weltordnung.

[3]) Aristophanes Thesmophor, 451: τοὺς ἄνδρας ἀναπέπεικεν οὐκ εἶναι θεούς.

durch ihn hat das Prinzip der schrankenlosen Subjektivität, die auflösende Reflexion auf der Bühne Triumphe gefeiert, die bekanntlich Hegel in der Ästhetik zu dem Ausspruch veranlaßt haben, daß hier die Komödie „zu der absoluten Freiheit des Geistes gelangt" sei![1] In der That, wenn man sich vergegenwärtigt, wie hier die Komödie selbst mit den Göttern und deren Priestern ihr übermütig Spiel treibt, wie sie die Gottheit nicht sowohl ins Menschliche, als vielmehr ins Niedrige und Gemeine herabzieht, so ist ohne weiteres klar, daß auch die Komödie Organ eines Zersetzungsprozesses ist, in welchem sich die positiven Elemente der überlieferten Weltanschauung mehr und mehr verflüchtigen mußten.

Warum hat das „Gemeinwesen" des demokratischen Athens von dem „Recht, auflösenden Tendenzen entgegenzuwirken", nicht gegenüber diesen Erscheinungen Gebrauch gemacht?

Die Antwort darauf hat im Grunde schon Hegel gegeben, der einmal — in vollem Widerspruch mit seiner Ansicht über den Prozeß des Sokrates — den Satz ausgesprochen hat, daß „eben bei den Athenern selbst diese auflösenden Tendenzen schon feste Wurzeln gefaßt" hatten.[2] Es ist ja eine komische Übertreibung, wenn der Euripides der aristophanischen Komödie sich rühmt, daß seitdem er „der Kunst Gedanken und Begriffe geliehen", in Athen jedermann reflektiere, sinniere und räsonniere,[3] aber soviel ist gewiß, daß dem, was auf der Bühne sich abspielte, eine Parallelbewegung im Seelenleben weiter Volkskreise entsprochen haben muß.[4]

Wird doch der Geist der Erörterung und die Freude an der Diskussion als eine im eminenten Sinn athenische Eigen=

---

[1] W. III, 533. 559.

[2] Philosophie der Geschichte S. 280.

[3] Frösche 971 ff. Ein moderner Franzose würde sagen, er habe aus den Athenern un peuple d'analyseurs gemacht.

[4] Auch Zeller, der es ganz natürlich gefunden hätte, wenn das „marathonische Geschlecht" einen Sokrates verurteilt hätte, muß zugeben, daß Sokrates den geschilderten Zustand „nicht gemacht, sondern vorgefunden hat". II, 1⁴, 229.

schaft bezeichnet! Athen, wo die „größte Redefreiheit" in ganz Hellas herrschte",[1]) ist recht eigentlich die „πόλις φιλόλογός τε καὶ πολύλογος,[2]) von der man sich in Hellas scherzweise erzählte, daß hier die Kinder einen Monat früher als anderswo sprechen lernten![3]) Reflexion und Dialektik steckt den Athenern gewisser= maßen im Blut. Sie sind ja die Großstädter unter den Hel= lenen. Und wenn auch Athen sich nicht zu einer Großstadt im heutigen Sinne ausgewachsen hat, so hat es doch — mit hel= lenischem Maßstab gemessen — etwas Großstädtisches an sich. Es ist die „πόλις μεγίστη",[4]) „πολυανθρωποτάτη";[5]) und in der Atmosphäre der großen Stadt gedeiht ja mit Vorliebe die Richtung des geistigen Lebens, die rationalistisch, kritisierend, zer= setzend ist. Eine Stimmung, die in Athen extensiv und intensiv um so mehr sich geltend machte, je zahlreicher die geistig an= geregten Elemente waren, die hier aus der ganzen hellenischen Welt zusammenströmten.[6]) Daher sind die Zeitgenossen auch weit davon entfernt, Athen den altfränkischen Geistestypus bei= zulegen, der hier nach der Hegelschen Theorie noch im fünften Jahrhundert mit dem „Volksgeist" identisch gewesen sein soll. Der Stolz der Athener ist es, die geistig gewecktesten unter ihren Landsleuten zu sein,[7]) Athen als die Stadt der Intelligenz,[8]) als „Bildungsschule für Hellas"[9]) anerkannt zu sehen. — Weit

[1]) Plato, Gorgias, 461 e.
[2]) Plato, Gesetze, I, 641 e.
[3]) Tertullian de anima. 20.
[4]) Thukydides II, 64, 3. Plato, Apologie, 29 d.
[5]) Xenophon, Hellenika, II, 3, 24.
[6]) Plato Protagoras 337 d: σοφώτατοι τῶν Ἑλλήνων κατ' αὐτὸ τοῦτο συνεληλυθότες.
[7]) Herodot I, 60: τοῖσι πρώτοισι λεγομένοισι εἶναι Ἑλλήνων σοφίην. — Isokrates VIII, 52: προσποιούμενοι δὲ σοφώτατοι τῶν Ἑλλήνων εἶναι. — Plato Protagoras 319 a: ἐγὼ γὰρ Ἀθηναίους ὥσπερ καὶ οἱ ἄλλοι Ἕλληνές φημι σοφοὺς εἶναι.
[8]) Im Protagoras 337 d läßt Plato den Sophisten Hippias Athen als das πρυτανεῖον τῆς σοφίας bezeichnen.
[9]) τήν τε πᾶσαν πόλιν τῆς Ἑλλάδος παίδευσιν εἶναι. Perikles in der Leichenrede b. Thuk. II, 41.

entfernt also, sich vom heimischen Boden loszulösen, wurzelt die sokratische Reflexion recht eigentlich in diesem heimischen Boden![1])

Man kann die Situation nicht treffender charakterisieren, als der Sokrates der Apologie, wenn er sagt: Die Freigeisterei, die man mir schuld gibt, kann man jederzeit um eine Drachme beim Buchhändler (der die Schriften des Anaxagoras verkauft) oder, — wie eine andere Erklärung der Stelle lautet, — im Theater kaufen![2])

Aber — könnte Gomperz einwenden — ein umstürzlerischer Radikalismus, wie bei den Philosophen, war doch auf dem Boden der Demokratie unmöglich. „Den Gipfel der Kühnheit erstiegen ja erst die Jünger des Sokrates. In ihrem Kreise begann der Zweifel die Grundlagen der damaligen, wie der heutigen Gesellschaftsordnung zu benagen."[3])

Dagegen ist zu erwidern, daß dieser Zweifel doch auch in der Staats- und Gesellschaftstheorie älter ist als die Sokratik, und daß der Erste, der der bestehenden Gesellschaftsordnung ein Staatsideal auf völlig neuer Grundlage (Besitzesgleichheit und Verstaatlichung der Industrie!) entgegenstellte, Phaleas von Chalkedon[4]) kein Sokratiker war. Selbst vor den äußersten Konsequenzen ist die junge soziologische Spekulation des fünften Jahrhunderts nicht zurückgeschreckt. Weiber- und Gütergemeinschaft liegen auf dem Wege der Weltbeglückungspläne eben

---

[1]) Das ist schon gut hervorgehoben von Joel in seinem Buch: Der echte und der xenophontische Sokrates.

[2]) S. die verschiedenen Ansichten über den Sinn der Worte: ἐκ τῆς ὀρχήστρας πρίασθαι bei Schanz im Kommentar zur Apologie (26, e). Sehr gut auch Grote, H. of Gr. (Ausg. v. 1884) VIII, 224: Socrates could not go into the public assembly, the Dicastery or even the theatre, . . . without hearing discussions about what was just or unjust, honourable or lease, expedient or hurtful etc. nor without having his mind conducted to the inquiry, what was the meaning of these large words, which opposing disputants often invoked with equal reverential confidence.

[3]) So Gomperz I, 380.

[4]) S. meine Geschichte des antiken Kommunismus und Sozialismus I, 264 ff.

dieses Jahrhunderts.[1]) Ja, in Athen ist die sozialrevolutionäre Skepsis, die das Bestehende zu „benagen beginnt", noch weit älter als alle diese theoretischen Spekulationen; und kein Athener, der die Geschichte seines Landes kannte, hätte den Vorwurf gegen die sokratische Schule erheben können, den Gomperz gegen sie erhebt. Denn ihm war ja aus den Mitteilungen Solons über das sozialistische Agrarprogramm der damaligen Kleinbauern und Feldarbeiter Attikas nur zu gut bekannt, daß die demokratische Reflexion schon zweihundert Jahre vor dem Prozeß des Sokrates zu Ideen geführt hatte, die auf den radikalen Umsturz der Gesell= schaft, auf die völlige Umwälzung des Verhältnisses zwischen Kapital und Arbeit, auf die Beseitigung aller Klassenunterschiede gerichtet waren.[2]) Und die armen Schelme, welche die soziale Komödie des demokratischen Athens höchst subjektivistisch über den „Unsinn" und die „Verrücktheit" der bestehenden Wirtschafts= und Gesellschaftsordnung reflektieren läßt, durch welche die Schurken reich und oft die Besten zu einem kümmerlichen Dasein verdammt würden[3]), die Proletarier, deren Phantasie sich an einem kommunistischen Paradies berauscht[4]), sind sie etwa zu Sokrates in die Schule gegangen?[5]) Oder bilden nicht viel= mehr diese Proletarierträume auch ein Element des vielgestaltigen attischen Volksgeistes?

---

[1]) Dümmler, Prolegomena zu Platons Staat 1891 S. 54 f.

[2]) S. meine Abhandlung über die Anfänge des Sozialismus in Europa. Hist. Ztschr. 1897 S. 441 ff.

[3]) Aristophanes Plutos 502 ff.

[4]) Daß die Proletariertypen der Ekklesiazusen aus dem wirklichen Leben gegriffen sind, wird heutzutage wohl niemand mehr bezweifeln. S. meine Abhandlung: Die soziale Dichtung der Griechen. N. Jahrbb. f. d. Kl. Altertum, Bd. 1, S. 30 ff.

[5]) Auf die von Döring (Die Lehre des Sokrates als soziales Reform= system, 1895) aufgeworfenen Fragen kann hier natürlich nicht eingegangen werden. Meine Ansicht über Dörings Standpunkt habe ich ausgesprochen in der Hist. Ztschr., 1897, Bd. 78, S 85 ff.

Drittes Kapitel.

Sokrates und der Staat, im Lichte einer Psychologie der Volksherrschaft.

Aber — hören wir den unermüdlichen Ankläger der Philosophie einwenden — das waren doch wenigstens gute Athener,
bei denen der alte Stadtpatriotismus noch nicht durch die auflösende Reflexion abgeschwächt war. „Daß es dagegen Sokrates
und den Seinen an wahrer inniger Liebe zu ihrer Heimat gefehlt hat, ist unbestreitbar. Denn wo alles und jedes vor den
Richterstuhl der Vernunft geladen wird, wo nichts Herkömmliches
als solches gelten, sondern alles von der denkenden Reflexion
seine Rechtfertigung empfangen sollte, wo die Beschäftigung mit
dem Allgemein-Menschlichen alles andere in den Hintergrund
drängte, da mußte der Einzelne schließlich gegen den „Erdenwinkel" gleichgiltig werden, in den das Schicksal seinen Körper
geworfen. Kein Wunder, daß, wie Xenophon in Persien und
Sparta, ein Plato in Syrakus fast heimischer geworden ist als
in der Vaterstadt"![1]

Gegen diese Auffassung ist zunächst der grundsätzliche Ein-
wand zu erheben, daß auch hier wieder einseitig aus der Sokratik
und dem philosophischen Denken überhaupt ein psychisches Phänomen abgeleitet wird, welches zu den typischen Erscheinungsformen
der Vollkultur überhaupt gehört.[2]

Man erinnere sich der großartigen Entwicklung des Welt-
handels, welche den ganzen weiten Bereich der Mittelmeerwelt
zu Einem großen Arbeitsfeld für den hellenischen Unternehmungs-

---

[1] So meist wörtlich Gomperz II, 92 f. Auch hier übrigens nach
dem Vorgang von Köchly, der im Hinblick auf den doch höchst subjektiven
und problematischen Bericht Xenophons in der Anab. III, 1, 4 ff. bei
Sokrates eine „solche politische Borniertheit(!), eine solche Gleichgültigkeit
gegen das Vaterland" voraussetzt, „daß Athen gerade in der damaligen
Zeit verloren war, wenn eine derartige Gesinnung namentlich die Mehrheit der Jugend ergriff". (S. 354.)

[2] S. Vierkandt a. a. O. S. 442.

geist machte, welche den Hellenen heimisch werden ließ an den Gestaden des Pontus und des Nil, wie an denen der Rhone! Man erinnere sich der mit dieser Ausdehnung des wirtschaftlichen Spekulationsgebietes stetig fortschreitenden Rationalisierung des Lebens, welche den Menschen immer mehr gewöhnt, die Dinge um ihn her unter dem Gesichtspunkt von Mittel und Zweck zu betrachten und damit fortwährend auf eine Zurückdrängung des Unwillkürlichen im seelischen Leben des Einzelnen, also gerade derjenigen Empfindungen hinarbeitet, in denen eben das Heimats= gefühl wurzelt. Bei den von dieser mächtigen Zeitströmung ergriffenen Elementen des Volkes konnte jenes Eingewurzeltsein des Individuums in dem engen örtlichen Gesichtskreis, jenes Verwachsensein mit der ganzen Umgebung, wie es niedrigeren Kultur= und Wirtschaftsstufen eigen ist, unmöglich überall in der früheren Weise fortdauern. So machtvoll sich der alte tief im Wesen des Stadtstaates begründete Munizipalgeist bei den Griechen allezeit erwiesen hat, auch er hat doch nicht verhindern können, daß die atomisierenden, entwurzelnden Einflüsse der Volkkultur auch auf diesem Gebiete des Empfindungslebens zur Geltung kamen.

Bereits an der Schwelle der hellenischen Volkkultur steht eine Gestalt, in der der ruhelose Seefahrergeist, der rationelle sogar das Heimatsgefühl überwindende Erwerbstrieb in typischer Weise verkörpert erscheint: Odysseus, der selbst nach vieljähriger Irrfahrt gerne noch länger die Heimat missen möchte, wenn er nur mehr Hab und Gut nach Hause brächte! Und welche Steigerung hat dann dieser für die Emanzipation des Indivi= duums so bedeutungsvolle Typus auf der Höhe des nationalen Wirtschaftslebens erfahren! Man denke nur an die Athener, wie Thukydides sie schildert, die „rastlos thätig immer Neues sinnen“, immer außer Landes sind (ἀποδημηταί!) und gerade durch die Abwesenheit von der Heimat ihren Besitz zu mehren trachten im Gegensatz zu der Bodenständigkeit der „immer zu Hause sitzenden“ Spartaner.[1]) Und diese Leute, die unter

---

[1]) ἐνδημοτάτους! I, 70, 3. Schon die Prägung dieser Begriffe ist bezeichnend für die oben angedeutete Entwicklung. — Vgl. übrigens

Umständen wegen eines Ackerloses der Vaterstadt für immer den Rücken kehrten, sollen in Plato wegen der paar sizilischen Reisen den Weltbürger gewittert haben? In einer Zeit, in der je länger je mehr alle realen Verhältnisse, Handel, Industrie und Geldwirtschaft, Verkehr und Politik über die engen Verhältnisse des Stadtstaates hinausdrängten?

Ist überhaupt eine stärkere Loslösung des Individuums von der Gemeinschaft denkbar, als jene Internationalität des Kapitals, wie wir sie schon damals in gewissen Schichten der Gesellschaft als das unvermeidliche sozial-psychische Ergebnis der wirtschaftlichen Entwicklung beobachten können? Schon ein Zeitgenosse des Sokrates klagt über die Vaterlandslosigkeit der Elemente, die nur durch die Geburt Bürger seien, ihrer Gesinnung nach aber jedes Land, in dem sie ihren Vorteil finden, als Vaterland betrachten, weil für sie die Heimat da liegt, wo ihr Geld ist! [1]

Man sieht: Nicht erst „der Vernunftmoral ist der Kultus des Weltbürgertums nachgefolgt", sondern längst vorher der Moral des Kaufmanns. Das Weltbürgertum des ökonomischen Rationalismus ist also älter als dasjenige des „Weisen", wie es die Schule des Antisthenes formuliert hat. Und was diesen philosophischen Kosmopolitismus selbst betrifft, so fragt es sich doch noch sehr, was in höherem Grade zu seiner Entstehung und Entwicklung beigetragen hat: die Beschäftigung mit dem Allgemein-Menschlichen oder die gerade in das persönlichste Leben eingreifenden Erfahrungen, die der Einzelne innerhalb der Polis zu machen hatte. [2] Wir haben eben auch hier das

auch die aus rein rationellen Erwägungen entsprungene Praxis der Umsiedlungen, wie sie gerade am Ende des 5. Jahrhunderts in der Gründung von Rhodos und bei Olynth so charakteristisch zu Tage tritt und auch sonst in der griechischen Geschichte seit alter Zeit schon vorkommt

[1] Lysias 31, 6.

[2] Vgl. z. B. die charakteristischen Äußerungen des Charmides in Xenophons συμπόσιον 4, 30 f.: Ἐγὼ τοίνυν ἐν τῇδε τῇ πόλει, ὅτε μὲν πλούσιος ἦν ... προσετάττετο ἀεί τί μοι δαπανᾶν ὑπὸ τῆς πόλεως, ἀποδημῆσαι δὲ οὐδαμοῦ ἐξῆν. Νῦν δ' ἐπειδὴ τῶν ὑπερορίων στέρομαι καὶ τὰ ἔγγαια οὐ καρποῦμαι καὶ τὰ ἐκ τῆς οἰκίας πέπραται, ... ὡς ἐλευθέρῳ τε ἔξεστί μοι καὶ ἀποδημεῖν καὶ ἐπιδημεῖν.

Ergebnis eines allgemeinen, von den Theorien Einzelner ganz unabhängigen Kulturprozesses vor uns, der seinen Anstoß erhielt durch die — für den Kulturmenschen immer unerträglicher werdenden — engen und beengenden Verhältnisse des Stadt= staates, durch den Zwang, mit dem die Staatsallmacht der Polis über allem Einzeldasein waltete, und der bei der zu= nehmenden Gewaltsamkeit des Parteiregiments für den Einzelnen immer gefährlicher wurde. Das mußte auf die Dauer als kultur= widrig empfunden werden und eine zuerst heimliche, dann immer offenkundiger werdende Abwendung der Fähigen von diesem Staat ganz von selbst herbeiführen. Und die Philosophie zieht dann nur das Facit dieser Entwicklung. Sie gibt ihre frühere Verflechtung mit dem Staate auf, weil der Staat selbst sie zwingt, sich immer mehr auf einen allgemein=menschlichen Boden zu stellen. [1]

Übrigens begegnen wir auch in der Masse des Volkes genau derselben höchst subjektiven Reflexion, derselben rein individualistischen und rationalistischen Ansicht über das Verhältnis des Einzelnen zur Gemeinschaft, wie wir sie vorhin innerhalb der kapitalistischen Schicht fanden. Der plebeische Tartüffe z. B. bei Aristophanes, der mit frivoler Ironie erklärt, daß „nach Kräften mitteilnehmen muß am Vaterland der Gutgesinnten",[2] und der diese patriotische Teilnahme als „Mitlöffeln aus dem Gemein= brei" charakterisiert, er ist gewiß nicht bloß eine Karikatur, sondern der unmittelbare Geistesverwandte der von Isokrates geschilderten Proletarier, denen „das Gemeinwesen gleichgültig war, wenn sie nur Brod hatten".[3]

---

[1] Wie viel richtiger als Gomperz hat auch hier Burckhardt geurteilt ! (S. I, S. 89.)

[2] Ekklesiazusen 892.

[3] Areopag. 83. Derselbe Standpunkt, den bei dem großen pariser Strike des Jahres 1898 die Arbeitervertreter als den ihrigen bezeichneten, als man sie fragte, ob es ihnen denn gleichgültig sei, wenn durch ihr Verhalten der Bestand der Republik selbst gefährdet sei. — Vgl. auch die Äußerung des Theramenes (bei Xenophon, Hellen. II, 3, 48) über die Leute, welche den Staat um eine Drachme verkaufen!

Sollten unter den Hunderten von Geschworenen, die über Sokrates zu Gericht saßen, Vertreter dieser beiden gewiß nicht seltenen Typen aus den Reihen des Geldmenschen- und Proletariertums gefehlt haben? Aber auch unter den edler Gerichteten, wie viele mögen im stande gewesen sein, zu beurteilen, wie ein Sokrates in seinem Innersten zu Volk und Staat stand?

Wir haben es hier mit einem der schwierigsten psychologischen Probleme zu thun, das doch ganz anders angefaßt sein will, als es von Köchly-Gomperz geschehen ist. Zugegeben, daß der nüchterne Rationalismus, die kühle Verstandesklarheit der Vollkultur eine Abschwächung des Gefühlslebens bedeutet, die bis zur Atomisierung des Individuums, zur völligen Verflüchtigung der Begriffe Heimat und Vaterland führen kann, ebenso gewiß ist es doch anderseits, daß je nach der Stärke der entgegenwirkenden Triebkräfte des Gemüts die Ausprägung dieser Tendenz im seelischen Leben des Einzelnen eine gradweise sehr verschiedene sein kann. Selbst auf den vergeistigten Höhen der Vollkultur muß nicht überall die starre Kälte einer Winterlandschaft herrschen, die Beschäftigung mit dem Allgemein-Menschlichen „alles Andere in den Hintergrund drängen". [1]

Es ist wahr, die Wissenschaft ist ihrer Natur nach nicht national, sondern wahrhaft international, weil ihr Ziel: Erhaltung und Mehrung der Erkenntnis den Völkern gemeinsam ist. Daß aber deswegen ein grundsätzlicher Antagonismus zwischen „philosophischer Kritik" und „nationalen Idealen" bestehen müsse, daß das letzte Ergebnis immer und alle Zeit das Weltbürgertum sein müsse, ist eine völlig willkürliche Annahme.

Zu welcher Vergewaltigung der Geschichte diese Ansicht führt, zeigen recht drastisch die Behauptungen, welche neuerdings Wilamowitz in seiner Abhandlung über „Weltperioden" aufgestellt hat. Er meint, daß die jonischen Philosophen ihren kritischen Vorstoß gegen das Überkommene „nimmer gewagt hätten, wenn sie nicht Weltbürger gewesen wären"! Diese „Begründer der Naturwissenschaft" hatten nach ihm „kein

---

[1] Woher weiß übrigens Gomperz, daß sie dies bei Sokrates gethan?

Vaterland", weil sie sonst schwerlich die Welt als Ganzes anzuschauen vermocht hätten";[1] ebenso „hat sich der größte Athener von (der Demokratie und) seinem Vaterland abwenden müssen, damit er als Urgrund der Natur und des Lebens eine sittliche Macht und als Heil der Menschenseele die sehnsüchtig dem ewig Guten zustrebende Liebe schaute und offenbarte"!

Daß die Dinge so einfach nicht liegen, wie sie hier konstruiert werden, zeigen offenkundige Thatsachen. Man denke z. B. an Fichte! Noch in den „Grundzügen des gegenwärtigen Zeitalters"[2] hat er den „Weltbürgersinn der sonnenverwandten Geister" gepriesen, die „sich hinwenden, wo irgend Licht und Recht, und es den Erdgeborenen überlassen, in der Erdscholle, dem Fluß, dem Berg ihr Vaterland zu erkennen"! Und derselbe Mann hat kurz darauf die Reden an die deutsche Nation gehalten!

Wer hat ferner echtere Töne zum Preise der Vaterstadt gefunden als Euripides,[3] der nach Gomperz doch auch ein „von dem Genius seines Volkes(?), von dem Frieden ungebrochenen Naturempfindens Abgefallener" ist,[4] und von dem selbst Gomperz zugibt, daß „sein trüber Zweifelmut an Einem niemals gezweifelt: an der Herrlichkeit seiner Vaterstadt",[5] — oder ein Thukydides, der „dem Glauben seines Volkes ebenso gründlich Entfremdete"[6] Ja, selbst in dem reinen Äther platonischen Geisteslebens hat sich keineswegs alles Heimatsgefühl verflüchtigt. Wer seinem Heimatland eine so sinnige Huldigung dargebracht, wie der

---

[1] Merkwürdigerweise denkt hier Gomperz anders. Er sagt (I, 176) von Anaxagoras: „Fast möchte man den großen Mann nicht gänzlich frei wähnen von jenem Dünkel der Zwölfstädtejonier, den Herodot mit herbem Spotte geißelt"! Wie ist das übrigens mit seiner Theorie über die Wirkung des Allgemein=Menschlichen vereinbar?

[2] W. 1804/5 VII, 212.

[3] Vgl. die Zusammenstellung der patriotischen, wie der kosmopolitischen Äußerungen des Euripides bei Schenkl: Die politischen Anschauungen des E. Ztschr. f. österr. Gymn. 13. S. 369 ff.

[4] II, 12. Was heißt hier übrigens „vom Genius seines Volkes abfallen"?

[5] II, 24.

[6] Gomperz I, 407.

Dichter der „Atlantis", der kann demselben doch gewiß nicht so gleichgültig gegenübergestanden haben, wie jedem anderen beliebigen „Erdenwinkel." Ein Denker, der mit so warmem Empfinden von der Heimat als dem Nährboden der edelsten Früchte geistigen Lebens zu reden weiß,[1]) der konnte unmöglich in Syrakus fast ebenso heimisch sein, wie in der Stadt der Athene oder gar diesem Athen „abhold und entfremdet" gegenüberstehen.[2]) Bei Plato war dies so wenig der Fall, daß er sich sogar noch in den trüben Stimmungen seines Greisenalters zu einer hochidealistischen Anschauung über die geistige Suprematie Athens zu erheben vermochte. „Was man oft", — sagt der Greis in den „Gesetzen", — „von den Athenern sagen hört, scheint ganz wahr bemerkt zu sein: diejenigen unter ihnen, welche tüchtig sind, sind es dann auch in hervorragender Weise. Denn sie allein sind von selbst durch göttliche Schickung (bezw. glückliche Naturanlage) sonder Zwang wahrhaft und nicht bloß scheinbar trefflich".[3]) Eine Behauptung, die doch gewiß nur ein Mann aussprechen konnte, der sich von dem „auf einige Quadratmeilen beschränkten Stadtpatriotismus" ein ganz gehöriges Maß bewahrt hatte![4])

Und die gleiche Gesinnung setzt Plato auch bei seinem großen Lehrer voraus. Er sagt von ihm, er habe weder Sparta noch Kreta, deren Staatsordnung er doch bei jeder Gelegenheit gepriesen, oder irgend eine andere hellenische oder nichthellenische Stadt jemals der Vaterstadt vorgezogen: so ganz ausnehmend habe er seine Sympathie der Stadt der Athener zugewendet![5]) Ja, ein anderer Schüler des Meisters,

---

[1]) Timäos 24 e, Kritias 111 e. Vgl. den Preis der Stadtgöttin als der φιλοπόλεμος τε καὶ φιλόσοφος (Tim. 24 d), als der vorbildlichen Verkörperung von ἀρετή und φρόνησις. (Kritias 109 c.)

[2]) Wie es nach Gomperz II, 92 „die Freunde des Sokrates mehrfach" thaten.

[3]) 642 c.

[4]) Köchly (S. 265) meint freilich, Niebuhr gehe mit Plato noch glimpflich um, wenn er ihn nur einen nicht guten Bürger nannte!

[5]) οὕτω σοι διαφερόντως τῶν ἄλλων Ἀθηναίων ἤρεσκεν ἡ πόλις. Kriton 53 a.

Xenophon, führt ihn uns vor, wie er in eingehender Wider-
legung den Kosmopolitismus eines Aristipp bekämpft,[1]) desselben
Aristipp, der nach der Ansicht von Gomperz auch hier „auf
den Spuren des Meisters wandelte"![2]) Und an einer anderen
Stelle legt ihm Xenophon eine begeisterte Lobrede auf das
Glück und den Glanz, auf den Heldensinn und die moralische
Tüchtigkeit Altathens in den Mund, die von warmem patriotischen
Empfinden eingegeben ist.[3]) Nebenbei bemerkt zugleich ein
Beweis dafür, daß auch Xenophon nicht so vaterlandslos war,
wie man behauptet hat. Und warum sollen diese Zeugnisse
nicht gelten? Etwa wegen der Antipathie des Sokrates gegen
das herrschende System und seine Träger? Wie sagt doch
Adrast bei Euripides:[4]) „Ihm waren Staatsverderber, nicht das
Vaterland zuwider, weil unschuldig ist das Vaterland, wenn
schlechten Ruf ein schlechter Steuermann ihm bringt." Warum
soll Sokrates in diesem Punkt nicht so empfunden haben, wie
ihn Plato empfinden läßt, der doch nach Gomperz der Vaterstadt noch kühler gegenübergestanden haben soll? Ich erinnere
an die herrliche Scene im Kriton, wo die redend eingeführten
Gesetze des Staates dem Gedanken der Flucht aus dem Kerker
mit den Worten begegnen: „Ist das deine Weisheit, daß es
dir verborgen blieb, daß das Vaterland verehrungs-
würdiger ist, als Vater und Mutter und deine Voreltern
insgesamt, und ehrwürdiger und heiliger, und daß es in
höherem Ansehen steht bei den Göttern und Menschen, die Verstand haben; und daß man selbst das zürnende Vaterland - in Ehren halten muß und mehr ihm nachgeben und
es zu begütigen suchen, als den Vater, und es entweder eines
Bessern belehren oder thun, was es gebietet, und ruhig dulden,
wenn es uns zu dulden befiehlt, seien es Schläge oder Fesseln;
und führt es uns in den Krieg, uns verwunden oder töten zu
lassen, wir uns dem fügen müssen, und daß es so das Recht

---

[1]) Memorab. II, 1, 14.
[2]) III, 5, 9 ff., vgl. III, 3, 12 f.
[3]) II, 93.
[4]) 'Ικέτιδες 877 ff.

will, und wir nicht weichen oder uns zurückziehen oder unseren
Posten verlassen dürfen"?[1]) Eine geradezu klassische Formulierung
jener echt hellenischen Lebensansicht, für welche, — um mit dem
genialen Schilderer der hellenischen Polis zu reden, — „die
Vaterstadt nicht bloß die Heimat ist, wo dem Menschen am
wohlsten und wohin ihn das Heimweh zieht, nicht bloß die
Stadt, auf welche er trotz all ihrer Mängel stolz ist, sondern
ein höheres, göttlich mächtiges Wesen".[2])

Warum sollte auch der große Menschenbildner, der so mit
allen Fasern seines Wesens an der Stadt hing, daß er sie fast
nur dann verließ, wenn ihn die Bürgerpflicht ins Feld rief,
warum sollte der jedes tieferen Gefühles für die „Bildungsstätte
von Hellas" bar gewesen sein, in der seine ganze geistige Existenz
wurzelte, die für ihn eine unerschöpfliche Quelle geistiger Befriedigung war?[3]) Für den Zauber, den diese einzige Stadt
selbst auf den Stammfremden und Feind ausübte, soll „der
Mann mit dem heißen Herzen unter dem kalten Kopf"[4]) so un-
empfindlich gewesen sein, daß er nie ein rechtes gemütliches Verhältnis zur Heimat gewinnen konnte?[5])

„Aber, — sagt Gomperz, — dieses ungewöhnlich mächtig
arbeitende Herz hat ja seine ganze Triebkraft dazu verwendet,
den Kopf kalt zu erhalten — einem Dampfkessel vergleichbar,

---

[1]) Kriton 51 b f.

[2]) Burckhardt I, 81. Wie Gomperz trotz all dieser Zeugnisse, die er
einfach ignoriert, mit Köchly (S. 311) noch an die Möglichkeit glauben
kann, daß die Art von Weltbürgertum, welche bei Epiktet (diss. I, 9, vgl
übrigens auch Cic. Tusc. V, 37, 108) in einer angeblich sokratischen
Äußerung zum Ausdruck kommt, wirklich sokratisch ist, das begreife ich
nicht. Übrigens hat zu dieser Frage schon Zeller II (1)⁴, 168 das Nötige
bemerkt.

[3]) S. Phädros 230 d.

[4]) Wie Gomperz Sokrates nennt (II, 36).

[5]) Da hat doch Zeller ungleich richtiger geurteilt, wenn er von
Sokrates sagt, daß er „durch und durch Grieche und Athener, ein Mann
aus dem innersten Mark seiner Nation" war. II (1)⁴, 68. Soweit
möchte ich allerdings nicht gehen wie Lasson, der in einer Besprechung
Dörings (Preuß. Jbb. 1896 S. 361) von Sokrates sagt: „Er ist athenischer
Patriot, er ist es bis zum Chauvinismus".

der ein Eiswerk in Betrieb setzt. Sokrates ist ein Enthusiast der Nüchternheit, noch ungleich mehr als Benjamin Franklin. Die seine mächtige Persönlichkeit beherrschende, bis zur Lust am Martyrium gesteigerte Leidenschaft gilt der Klärung des Intellekts. Er hat nach Reinheit der Begriffe gedürstet mit derselben Inbrunst, mit welcher ein mystischer Schwärmer nach der Vereinigung mit der Gottheit lechzt."[1] Was konnte da ‚der Erdenwinkel‘ für ihn bedeuten, in den der Zufall der Geburt den Körper geworfen?

Ich weiß nicht, wo Gomperz das intime Material her hat, aus dem sich ihm ein solches Charakterbild des Mannes gestalten konnte. Ein Beweis für die Richtigkeit der Zeichnung ist jedenfalls nicht erbracht. Auch muß Gomperz selbst zugeben, daß eine derartige Erscheinung eine „nahezu unerhörte" ist, daß „solch eine Verbindung (von Dampfkessel und Eiswerk) in großem Maßstab kaum einmal in Jahrtausenden wiederkehrt." Mir scheint dieser ganze Sokrates ein psychologisches Paradoxon, ein Hirngespinst!

Gomperz verwahrt sich einmal gegen eine Miß Wright, die gelegentlich gegenüber Bentham Sokrates einen „Eiszapfen" nannte. Denn nicht etwa, weil er dies gewesen, habe es ihm an echter Vaterlandsliebe gefehlt, sondern „weil sein Herz von einem andern, von einem neuen Ideal erfüllt war". — Ich meine, die systematische, auf Klärung des Intellekts, auf begriffliche Verarbeitung der Erscheinungen gerichtete Thätigkeit des sokratischen Geistes wurzelt nicht in den dunklen Regionen des Gemüts, sie ist auch kein Ideal, welche das Gemüt, das „Herz" „erfüllt." Sie erscheint vielmehr als das Ergebnis einer hochgesteigerten intellektuellen Regsamkeit, einer eminenten logischen Denkbegabung, deren Bethätigung in erster Linie ein geistiges, nicht ein gemütliches Bedürfnis befriedigt. Wie könnten auch die Triebkräfte einer Region des Seelenlebens, die Gomperz dem Dampfkessel vergleicht, wie könnte das Reich der Affekte und der rein associativen Vorstellungsverbindungen auf den Geist

---

[1] II, 36.

fortwährend in der Weise einwirken, daß er sich gerade in jenem
anderen Sinne bethätige, d. h. sich möglichst mit solchen Vor=
stellungen bereichere, die eben nicht associativ, durch zufällige
zeitliche und räumliche Zusammenhänge bedingt sind, sondern
rein apperceptiv nach logischen Normen erfolgen. Wahrlich,
man müßte die Ökonomie des geistig=seelischen Lebens geradezu
auf den Kopf stellen, wenn das Sokratesbild von Gomperz der
Wirklichkeit entspräche.

Wenn aber die Erscheinungen, auf welchen die Eigenart
des Sokrates als eines klassischen Vertreters des intellektuellen
Typus beruht, von vornherein der oberen Schicht des seelischen
Lebens, dem Gebiete der willkürlichen seelischen Vorgänge
angehören, so kann dieser Intellektualismus wohl beweisen,
daß im geistig = seelischen Leben des Mannes das Bereich des
Unwillkürlichen und Unreflektierten in hohem Grade eingeengt
war, schließt aber keineswegs aus, daß neben der verstandes=
mäßigen Reflexion auch jene tieferen Schichten des Bewußt=
seins einen nachhaltigen Einfluß auf ihn zu üben vermochten.
Man hat ja mit Recht bemerkt, daß ein geistiges Wesen, in
dessen Bewußtsein sich nur Vorgänge der oberen Schicht ab=
spielen würden, für uns teils etwas Übermenschliches hätte, teils
den abstoßenden Eindruck einer logischen oder ethischen Maschine
machen würde; [1]) und das soll einem Sokrates als das letzte
und höchste „Ideal" vorgeschwebt haben? Beruht denn nicht
gerade der Zauber des Genies, die Anziehungskraft großer
Individualitäten darin, daß sie „Natur", also gerade das be=
besitzen, was nicht jener oberen Schicht angehört?

Wie tief selbst Sokrates „im Erdreich des Unwillkürlichen"
wurzelte, das beweist, — neben seinem teilweisen Festhalten an
der Volksreligion, — das vielgenannte δαιμόνιον, die dämo=
nische oder göttliche Stimme, der er einen so weitgehenden Einfluß
auf sein Leben und Handeln zuschrieb. Damit hat er selbst
das hochbedeutsame Zugeständnis gemacht, daß die Sicherheit
des guten und richtigen Handelns, die er für das Reich des

---

[1]) Vierkandt S. 292.

Willkürlichen, für den Intellekt in Anspruch nahm, nur eine relative ist, daß sie unter Umständen durch die Sicherheit überboten werden kann, welche die Unbefangenheit des Unbewußten gewährt. [1]) Und ein Geist von solcher Tiefe, in welchem die Macht der Intuition, des inneren seelischen Dranges bis zum Bewußtsein einer göttlichen Mission gesteigert erscheint, der sollte für ein Gefühl, wie das des Patriotismus zu „nüchtern" gewesen sein?

„Aber, — sagt Gomperz, — hat sich nicht Sokrates thatsächlich von den Athenern, einem der bildsamsten und edelsten Völker losgesagt, ihnen kaltsinnig den Rücken gekehrt"? [2])

Diese Anklage bezieht sich auf die Zurückhaltung, welche Sokrates gegenüber dem öffentlichen Leben beobachtet hat, und die ihn Plato bekanntlich damit motivieren läßt, daß ein rücksichtsloser Verfechter von Recht und Gerechtigkeit für die Massenherrschaft unerträglich sei und derselben über kurz oder lang zum Opfer fallen müsse, weshalb der Platz desjenigen, der das Unrecht wahrhaft bekämpfen wolle, nicht im öffentlichen, sondern im Privatleben sei. [3]) — Gomperz findet diese Ansicht „befremdlich"; es „fällt ihm schwer, sich einer Regung schmerzlichsten Bedauerns zu erwehren", wenn er hier die „Unverbesserlichkeit" eines Volkes behauptet sieht, welches „Perikles zu seiner Leichenrede Modell gestanden hat, das durch Niederlagen gebeugt, durch schmerzliche Erfahrungen geläutert wahrlich nicht als ein

---

[1]) Auch Gomperz (II, 71) bezeichnet das Daimonion als einen Instinkt, eine aus den unbewußten Unterströmungen des Seelenlebens auftauchende, dunkle aber richtige Einsicht in das, was seiner Natur gemäß war. — Wie kann aber Jemand, der einem solchen Instinkt einen entscheidenden Einfluß auf das Handeln einräumt, von dem „Allgenügen des Intellekts" überzeugt gewesen sein, wie es Gomperz (S. 61) von Sokrates behauptet?

[2]) II, 93. Übrigens wandelt auch hier Gomperz in den Spuren Köchlys, nach dem Sokrates „dem Ringen seines Volkes fern und fremd blieb" und kein „warmes Herz hatte für die schweren Leiden und Kämpfe Athens"! (A. a. O. S. 384). Wer denkt hier nicht an das Gerede von dem „undeutschen Sinn" Goethes?

[3]) Apologie 31 e.

unbrauchbarer Stoff in der Hand wohlwollender und einsichtiger Bildner gelten konnte".[1]

Wenn hier etwas Befremden erregt, so ist es nicht Sokrates, sondern sein neuester Beurteiler! Zunächst welch' eine Begriffs=verwechslung! Die Masse,[2] welche die Agora und die Gerichte füllte, ohne weiteres mit dem ganzen Volke zu identifizieren, welches einem Perikles Modell gestanden! Könnte man nicht mit demselben Rechte darauf hinweisen, daß eben diese Masse, in der Sokrates den gefährlichsten Feind von Recht und Ge=rechtigkeit erblickte, einem Aristophanes für die Zeichnung seines Richterpöbels und seines schwachen und kindischen Herrn Demos Modell gestanden? Dazu welch hohltönende Phrase! Diese bunt zusammengewürfelte Menge, ein „brauchbarer, geläuterter" Stoff in der Hand eines Bildners wie Sokrates! Nichtssagende Redensarten, die wieder einmal recht drastisch zeigen, wie recht Wundt hat, wenn er die bedauernswerte Verwirrung über die ersten methodischen Grundlagen der Geisteswissenschaft beklagt, welche die mangelhafte Kenntnis der Psychologie zur Folge hat. Wie das Sokratesbild von Gomperz deutlich zeigt, suchen wir bei ihm vergeblich nach einer Analyse der elementaren geistigen Vorgänge, die das Wesen der psychischen Kausalität wenigstens in seinen einfacheren Formen richtig erfaßt hätte. Kein Wunder, daß er auch den verwickelteren Gestaltungen gegenüber, welche dieselbe in der Gesellschaft und in der Geschichte annimmt, den richtigen Standpunkt völlig verfehlt, jedes Maßstabes objektiver Beurteilung entbehrt.

Er ist sich gar nicht bewußt, daß es sich hier um ein großes massenpsychologisches Problem handelt,[3] daß man sich bei unserer Frage vor allem vergegenwärtigen muß, was es zu bedeuten hatte, daß durch die immer größer gewordene Unmittel=barkeit der Volksherrschaft Politik und Rechtsprechung in stetig steigendem Maße von Massenaktionen und damit von den

---

[1] II 93.

[2] τὸ πλῆθος, wie der Sokrates der Apologie sie bezeichnet (31 e).

[3] Das hat man freilich bisher allgemein verkannt; auch Köchly, der uns doch den Prozeß „psychologisch klar machen" will.

Trieben und Instinkten abhängig geworden war, welche das seelische Kollektivleben großer, zu gemeinsamen Machtentscheidungen berufener Massen beherrschen.

Der lebhafteste dieser Instinkte ist das Gefühl der Macht und die Lust, sie so zu bethätigen, wie es dem Machtgefühl am meisten schmeichelt. Es ist ein Naturtrieb, der gelegentlich geradezu in der Durchbrechung der Schranken von Recht und Sittlichkeit seine Befriedigung sucht, weil es sich hier am augenfälligsten zeigt, daß das „Volk" Herr über alles, daß des Volkes Wille Gesetz ist. Welch ein Ohrenkitzel war es für diese Masse, was ihr die Redner im Gericht und auf der Agora immer wieder zu Gemüte führten, daß „das Volk der Athener' die höchste Verfügung über Alles in der Stadt und das Recht hat, zu thun, was es immer will". [1]

Schon daraus ergibt sich, daß es unklarer Doktrinarismus ist, wenn man — wie Gomperz — an dies Massenempfinden einen sittlichen Maßstab anlegt und Begriffe, wie sittliche „Läuterung" oder „edles Volk" auf die Masse anwendet. Als ob die Masse mit dem Bewußtsein, dem Maße von Freiwilligkeit und nach Erfahrungen und Grundsätzen handelte, wie die Einzelnen! Die Masse als solche ist ja nicht schlecht, sie ist aber auch nicht gut und nicht edel, überhaupt nicht sittlicher Art. Sie hat vielmehr etwas von einer Naturerscheinung an sich. Auch da, wo ihre einzelnen Elemente moralisch und intellektuell nicht gerade tief stehen, können bei der Art des psychischen Kontaktes, wie er sich innerhalb großer Menschenmengen vollzieht, momentane Reize und Erregungen die Masse mit Leichtigkeit zu Handlungen fortreißen, die aller Vernunft und Sittlichkeit Hohn sprechen; schon deswegen, weil hier das stärkste moralische Gegengewicht gegen die Macht der Leidenschaft, das Gefühl der Verantwortlichkeit bei dem Einzelnen so gut wie nicht vorhanden ist. Was ist eine Verantwortlichkeit, die man mit Hunderten

---

[1] [Demosthenes] 59, 88 (1375) ὁ γὰρ δῆμος ὁ Ἀθηναίων κυριώτατος ὢν τῶν ἐν τῇ πόλει ἁπάντων, καὶ ἐξὸν αὐτῷ ποιεῖν ὅ τι ἂν βούληται.

4*

und Tausenden teilt? Daher das absolut Unberechenbare und
Unzuverlässige in dem Verhalten der Menge, das recht eigentlich
ihr innerstes Wesen ausmacht.[1]) Was sie heute bejubelt, zieht
sie morgen in den Staub. Über Nacht kann dem „Hosianna“
das „Kreuzige“ folgen.[2]) Von den „Vielen“, die den Demos
bilden, sagt der größte Schüler des Sokrates im Hinblick auf
das Schicksal seines Meisters, daß sie „leichthin töten und auch
wieder lebendig machen würden, wenn sie könnten, ohne Sinn
und Verstand“.[3]) Daher auch die leichte Bethörbarkeit der
Masse, wie sie schon Solon[4]) und der gut demokratische Herodot
so drastisch geschildert haben.[5])

---

[1]) Vgl. das berühmte Bild von Parrhasios nach der Schilderung
des Plinius (n. h. 35. 69): Pinxit demon Atheniensium argumento
quoque ingenioso; ostendebat namque varium, iracundum, injustum,
inconstantem, eundem exorabilem, clementem, misericordem, glorio-
sum, excelsum, humilem, ferocem, fugacemque et omnia pariter!
Brunn beurteilt das Bild unrichtig, wenn er (Künstlergesch. II, 111) auch
hier Parrhasios in Gegensatz zu Polygnot stellt, der in seinen Gestalten
vor allem das Ethos, den bleibenden Grundcharakter dargestellt habe,
während ein Charakter wie der dieses Demos nicht aus einer inneren
Notwendigkeit entsprungen sein könne. Dies widerspruchsvolle Wesen ist
eben. recht eigentlich der notwendige und bleibende Grundcharakter
des Demos.

[2]) Vgl. Livius 24, 25 im Hinblick auf die Vorgänge in Syrakus
i. J. 214: Haec natura multitudinis est; aut servit humiliter aut
superbe dominatur: libertatem, quae media est, nec spernere modice
nec habere sciunt: et non ferme desunt irarum indulgentes ministri,
qui avidos atque intemperantes plebeiorum animos ad sanguinem
et caedes irritent. Kurz in allem das Gegenteil der σωφροσύνη, welche
Sokrates als individuelle Voraussetzung alles öffentlichen Wirkens fordert
Xen. mem. IV, 3, 1.

[3]) Kriton 48 c. τῶν ῥαδίως ἀποκτιννύντων καὶ ἀναβιωσκομένων
γ᾽ ἄν, εἰ οἷοί τε ἦσαν, οὐδενὶ ξὺν νῷ, τούτων τῶν πολλῶν.

[4]) ῾Υμῶν δ᾽εἶς μὲν ἕκαστος ἀλώπεκος ἴχνεσι βαίνει,
    σύμπασι δ᾽ὑμῖν χαῦνος ἔνεστι νόος.
                              Plutarch Solon 30.

[5]) V, 97, 5. πολλοὺς γὰρ οἶκε εἶναι εὐπετέστερον διαβάλλειν ἢ
ἕνα, εἰ Κλεομένεα μὲν τὸν Λακεδαιμόνιον μοῦνον οὐκ οἷός τε ἐγένετο
διαβαλεῖν, τρεῖς δὲ μυριάδας Ἀθηναίων ἐποίησε τοῦτο. Vgl. Thukyd.
III, 38, 4.

Auch hat schon seine Zeit hinreichend Gelegenheit gehabt, sich des Charakters der demokratischen Massenaktionen als eines Naturphänomens bewußt zu werden. Das Wort Schillers: „Mehrheit ist der Unsinn" — „Verstand ist stets bei Wen'gen nur gewesen", — findet sich ähnlich bereits bei Herodot, wo es heißt, daß Erkenntnis (und daher auch erkenntnismäßiges Handeln) nicht der Massenpsyche, sondern nur dem einzelnen Individuum eigen sei; und zur Begründung wird auf die natur= wüchsige, impulsive Art der Geschäftsbehandlung in Massen= versammlungen hingewiesen, die an die Gewaltsamkeit des reißenden Bergstromes erinnern.[1] — Ganz ähnlich vergleicht ein unbekannter Dichter in einem Epigramm den Demos mit dem unsteten, zwischen Stille und Sturmesbrausen wechselnden Meere, das, wenn sich ein Anlaß gibt, „den Bürger herunterschlingt" (κατέπιεν).[2] Auch Plato hat diese e l e m e n t a r e Natur der Masse vortrefflich geschildert. Er zeigt uns, wie die auf der Agora, in den Gerichtshöfen und im Theater zusammengeströmte Menge ihren Instinkten freiesten Lauf läßt, wenn einmal ihre Leiden= schaft und ihr Interesse geweckt ist, wie sie dann in der Äußerung von Widerspruch und Beifall kein Maß und keine Selbstbeschrän= kung kennt, und wie dieser lärmende, pfeifende, tobende Haufe einer Sturmflut gleich den Einzelnen willenlos mit sich fort= reißt.[3] Auch ihm ist also die Massenpsyche ein N a t u r = phänomen! Er sieht in der Art und Weise, wie sie in der fessellosen Freiheit gegen alle menschliche und göttliche Autorität

---

[1] . . . τᾷ (sc. τῷ δήμῳ) δὲ οὐδὲ γινώσκειν ἔνι· . . . ὠθέει τε ἐμπεσὸν τὰ πρήγματα ἄνευ νοῦ, χειμάρρῳ ποταμῷ ἴκελος.

[2] Anthol. lyr. ed. Bergk² S. 541.

[3] Staat 492 b. ξυγκαθεζόμενοι ἀθρόοι οἱ πολλοὶ εἰς ἐκκλησίας ἢ εἰς δικαστήρια ἢ θέατρα ἢ στρατόπεδα ἤ τινα ἄλλον κοινὸν πλήθους ξύλλογον ξὺν πολλῷ θορύβῳ τὰ μὲν ψέγωσι τῶν λεγομένων ἢ πραττο= μένων, τὰ δὲ ἐπαινῶσιν, ὑπερβαλλόντως ἑκάτερα καὶ ἐκβοῶντες καὶ κροτοῦντες, πρὸς δ'αὐτοῖς αἵ τε πέτραι καὶ ὁ τόπος ἐν ᾧ ἂν ὦσιν ἐπη= χοῦντες διπλάσιον θόρυβον παρέχωσι τοῦ ψόγου καὶ ἐπαίνου. Vgl. Gesetze 700 c. Wie es selbst in kleinen Städten in der Volks= versammlung hergehen konnte, davon gibt ein späterer Autor (Dio Chrysostomos 7, 24 f.) eine drastische Schilderung.

sich aufbäumt, die alte Titanennatur wieder aufleben.[1]) Und ein andermal erscheint ihm der Demos in seinem launenhaften Gebahren und seiner naturwüchsigen Unbändigkeit als das „große Thier" (μέγα θρέμμα).

Er kommt demgemäß zu dem Ergebnis, daß der, welcher sich in der Gunst der Masse behaupten will, sich ihr gegenüber ganz so verhalten muß, wie gegen Naturgewalten. Der Demagog darf den Instinkten der Masse ebensowenig widerstreben, wie der Natur, weil sie ihn sonst erdrücken würde. Nur indem er ihr nachgibt, vermag er sie zu leiten; parendo vinces! Der Demagoge muß es also so machen, wie jemand, der mit der Unbändigkeit und Wildheit eines großen und starken Tieres dadurch fertig wird, daß er sich auf das Sorgfältigste darüber vergewissert, wie man sich ihm nähern und wie man es behandeln muß, wie es auf diesen oder jenen Reiz reagiert, was es beruhigt oder aufregt, d. h. es darf für einen solchen Demagogen keine andere Richtschnur seines Verhaltens geben, als die Meinungen und Leidenschaften der Masse; er muß gut und schön das nennen, was dem „großen Tiere" angenehm, schlecht und häßlich, was demselben zuwider ist.[2]) Der Demagog muß den Bürgern dienstbar sein, um ihre Gunst zu erwerben.[3]) Er muß die Leute auf der Agora und im Gericht behandeln wie die Kinder, d. h. sein ganzes Streben darauf richten, ihnen Angenehmes zu sagen.[4]) Er muß selbst dem Volke möglichst ähnlich zu werden suchen, weil er dadurch am leichtesten sich beliebt machen und zum entscheidenden Einfluß im Staate gelangen kann.[5]) Ein mehr als biomedischer Zwang![6]) Denn

---

[1]) Gesetze 701 b. Ἐφεξῆς δὴ ταύτῃ τῇ ἐλευθερίᾳ ἡ τοῦ μὴ ἐθέλειν τοῖς ἄρχουσι δουλεύειν γίγνοιτ' ἄν ... καὶ ἐγγὺς τοῦ τέλους οὖσι νόμων ζητεῖν μὴ ὑπηκόοις εἶναι, πρὸς αὐτῷ δὲ ἤδη τῷ τέλει ὅρκων καὶ πίστεων καὶ τὸ παράπαν θεῶν μὴ φροντίζειν, τὴν λεγομένην παλαιὰν γιγαντικὴν φύσιν ἐπιδεικνῦσι καὶ μιμουμένοις κτλ.

[2]) Staat 493 a ff.
[3]) Gorgias 521 a.
[4]) Ebb. 502 e.
[5]) Ebb. 513 a.
[6]) Staat 493 e.

es kann ihm leicht dabei ergehen, wie jenen thessalischen Zauberinnen, die nach dem Monde langen (und Augen und Füße verlieren), daß dieses Streben nach der Freundschaft des Demos den Verlust des Theuersten herbeiführt.[1])

Man mag dies Urteil Platos zu schroff finden. Aber lehrt nicht die Psychologie der Masse alle Tage, daß d a, wo der nivellierende Massengeist ungehemmt zu wirken vermag, der Einzelne in der Regel vergeblich mit seiner Besonderheit gegen den Charakter der Menge ankämpft, daß er, weit entfernt, diesen Gesamtcharakter zu beeinflussen, nur zu oft seine eigene Individualität auf die Dauer vor jenem nicht zu retten vermag. Er muß hier in der That in gewissem Sinne in der Masse aufgegangen sein, ihr Gepräge angenommen haben, wenn er mit Erfolg auf sie wirken will.[2]) Jedenfalls entspricht also die platonische Charakteristik der Wirklichkeit ungleich mehr, als die naive Ansicht, daß eine solche Masse — der ὄχλος ἀγοραῖος! — einen brauchbaren, „edlen" Stoff in der Hand eines Bildners wie Sokrates abgeben konnte, eines Mannes, der die intellektuelle und moralische Schwäche des großen Haufens klar durchschaute und dieser Einsicht rücksichtslos Ausdruck verlieh,[3]) der sich nie auch nur zur geringsten Konzession an die vox populi hergegeben hätte, wo es der Sache des Rechtes und der Wahrheit

---

[1]) Gorgias 513 a. Ganz übereinstimmend damit sagt Tocqueville: De la démocratie en Amérique II¹², 145 ff.: La majorité vit donc dans une perpétuelle adoration d'elle même. — (Les courtisans du peuple) ne lui donnent pas leurs femmes et leurs filles pour qu'il daigne les élever au rang de ses maîtresses; mais en lui sacrifiant leurs opinions, ils se prostituent eux-mêmes. — L'esprit de cour y est à la portée du grand nombre. Ähnlich hat ein geistreicher Mann von dem Gros unserer Tagesschriftsteller und Journalisten gesagt, daß sie, um nur ihrem Publikum ganz mundgerecht zu sein, gewissermaßen selber zu Formeln der Masse zu werden scheinen.

[2]) Vgl. z. B. was Maine, Die volkstümliche Regierung S. 50 über das Verfahren moderner, hochgebildeter Radikaler bemerkt, die, wenn sie Volkshaufen gegenüberstehen, genau nach dem platonischen Recept handeln.

[3]) In der Apologie bezeichnet Sokrates sein Wirken geradezu als ein ὀνειδίζειν. ὅτι οὐκ ὀρθῶς ζῆτε (39 d).

galt. Wahrlich, der versteht sich auf die Massenseele schlecht, der es einem Sokrates nicht nachempfinden kann, wenn er das todesmutige Ankämpfen eines hilflosen Einzelnen gegen die elementare Wucht der Volksleidenschaft in der extremen Demokratie auf die Dauer für aussichtslos erklärt und die Überzeugung ausspricht, daß ein Mann, wie e r, bei einer aktiven Beteiligung am öffentlichen Leben vor der Zeit den Untergang finden würde. [1]

Die ganze Existenz eines solchen Mannes steht im Widerspruch mit dem, was wir oben als kräftigsten Masseninstinkt bezeichnet haben, mit dem Bewußtsein des souveränen Volkes von seiner Macht und der in diesem Bewußtsein wurzelnden Masseneitelkeit. Wer die Geschichte der Demokratie und des demokratischen Jargons kennt, der weiß, welch plumpe Schmeicheleien die Masse vertragen kann, wie unerschöpflich im Preise von „des Volkes Größe" sie und ihre Leute sind. [2] Und vollends d a, wo die Masse „vom ungemischten Trank der Freiheit berauscht" ist! [3] Kann man sich einen schrofferen Gegensatz denken? Hier der kühle, allen Illusionen der demokratischen Doktrin skeptisch gegenüberstehende Denker, dort die ungemessenen Ansprüche eben dieser von den Demagogen „wie ein Tyrann umschmeichelten" Menge, gegen deren „über Alles sich erstreckendes Weisheitsdünkel" [4] selbst die höchste Einsicht so oft zur Ohnmacht verdammt ist, die in der Macht, von der sie jeden Augenblick handgreifliche Beweise geben kann, zugleich ihr Recht sieht! [5]

---

[1] Plato Apologie 31 f.

[2] Daher enthält die drastische Schilderung der Volksschmeichelei in den „Rittern" des Aristophanes bei aller karikierenden Übertreibung ein gutes Stück psychologischer Wahrheit. — ἐπεὶ γὰρ τοῦτ᾽ ἴσχυσεν, — sagt Aristoteles in der Politik (II, 9, 3. 1274 a) vom Volksgericht, — ὥσπερ τυράννῳ τῷ δήμῳ χαριζόμενοι τὴν πολιτείαν εἰς τὴν νῦν δημοκρατίαν μετέστησαν.

[3] Plato Staat 652 c.

[4] Ἡ πάντων εἰς πάντα σοφίας δόξα καὶ παρανομία. Plato, Gesetze 701 a.

[5] Nach der treffenden Charakteristik von Fresenius, die Natur der Masse. Deutsche Vierteljahresschr., Jahrg. 29, S. 130.

Und solche Massenversammlungen, die es im höchsten Grade übelnehmen, wenn sie einem „aristokratischen" Zweifel an ihrer Weisheit und Untrüglichkeit begegnen[1]), sie sollen eine geeignete Stätte gewesen sein für eine politische Wirksamkeit im Sinne des Sokrates, der gerade in der schonungslosen Aufdeckung der inneren Hohlheit und Unzulänglichkeit dieses vermeintlichen Wissens seine Lebensaufgabe sah?

Was Hippolyt bei Euripides[2]) von sich aussagt, hätte auch Sokrates von sich sagen können:

„Ich bin zum Reden vor dem Haufen ungeschickt:
. . . Was kein Weiser anhört,
Hat für das Ohr der Menge vollsten Klang".[3])

Rechtfertigen etwa die persönlichen Erfahrungen, die Sokrates mit dem „edlen" Volke der Athener gemacht hat, den Optimismus seiner modernen Beurteiler? Sokrates hat ein einziges Mal in seinem Leben eine öffentliche Funktion auf der Agora ausgeübt, als Vorsitzender des geschäftsführenden Rats= ausschusses in der berüchtigten Volksversammlung, in der der gesetzwidrige Beschluß gegen die unglücklichen Admirale der Arginusenschlacht gefaßt wurde. Und hat sich etwa auch nur das eine Mal das Volk als „brauchbarer Stoff in der Hand des großen Bildners" erwiesen? Nichts weniger als das! Als

---

[1]) Treffend ironisiert Plato diese Empfindlichkeit in der Apologie, indem er Sokrates wiederholt an die Geschworenen die Bitte richten läßt, ja nicht zu lärmen und zu toben, sondern ihn ruhig anzuhören. (30 c.) μὴ θορυβεῖτε ἄνδρες Ἀθηναῖοι, ἀλλὰ ἐμμείνατέ μοι οἷς ἐδεήθην ὑμῶν μὴ θορυβεῖν ἐφ' οἷς ἂν λέγω, ἀλλ' ἀκούειν καὶ γάρ, ὡς ἐγὼ οἶμαι, ὀνήσεσθε ἀκούοντες. μέλλω γὰρ οὖν ἄττα ὑμῖν ἐρεῖν καὶ ἄλλα, ἐφ' οἷς ἴσως βοήσεσθε.

[2]) 967 ff. ἐγὼ δ'ἄκομψος εἰς ὄχλον δοῦναι λόγον. Man denkt dabei unwillkürlich an Bismarcks Erklärung, er würde sich gekränkt fühlen, wenn man ihn einen Redner nennen wollte. Denn er sah, — wie v Bezold, Zum Gedächtnis Bismarcks, S. 11, treffend hervorhebt, — in dem politischen Redner eine Art von Dichter oder Improvisator und in seiner Wirksamkeit eine unvermeidliche Versuchung, „auf das Gefühl zu wirken, um Thatsachen zu verdunkeln." Ein mit Sokrates' Eigenart unvereinbares Verfahren!

[3]) 969 f. . . . οἱ γὰρ ἐν σοφοῖς φαῦλοι παρ' ὄχλῳ μουσικώτεροι λέγειν.

er mutvoll für die Sache des schmählich vergewaltigten Rechtes
eintrat und sich der gesetzwidrigen Abstimmung widersetzte, ant=
wortete ihm die tobende und brüllende Menge mit Verwünsch=
ungen und Drohungen.[1]) Das „edle“ Volk schrie, es sei schmählich,
daß man den Demos nicht machen lassen wolle, was ihm be=
liebe.[2]) Es war eine jener Szenen, wo, — um mit Plato zu
reden, — der Mann, der „dem Gotte mehr gehorchen will,
als den Menschen“[3]) — sich vorkommt wie Jemand, der unter
wilde Tiere geraten ist, weil er weder Unrecht mit verüben
kann, noch als Einzelner der Roheit Aller Widerstand zu leisten
vermag und unterliegen muß, ohne dem Staate irgend einen
Nutzen zu bringen.[4]) Eine jener Szenen, wo die in ihrer Auf=
regung blind wütende Masse dem ausgearteten, durch Zufall
gesetz= und zügellos gewordenen Tierstaat, dem Bienen= oder
Horniffenschwarme gleicht, wenn er — ohne Königin — mörderisch
und selbstmörderisch über den nächsten schuldigen oder unschul=
digen Gegenstand herfällt. Daher meint auch Xenophon nicht ganz
mit Unrecht, die Art, wie hier der kühne Mann dem Sturm des
Volkes stand, hätte ihm schwerlich ein Anderer nachgemacht.[5])
Wie oft aber wäre wohl ihm selbst eine Wiederholung dieses
Wagnisses gelungen?

Einen klassischen Ausdruck hat diesem Gegensatz von
Manneswürde und Masseninstinkten die platonische Apologie
gegeben, die Gomperz so schön ein „Laienbrevier starker und
freier Geister“, eines der männlichsten Bücher der Weltliteratur
genannt hat. In der Schlußrede, — nach der Fällung des Todes=
urteils durch die Geschworenen — sagt Sokrates: „Ich bin
unterlegen, nicht weil mir die Worte, sondern weil mir die
nötige Dreistigkeit und Schamlosigkeit gefehlt hat, und es mir

---

[1]) Apologie 32.
[2]) Xenophon Hellenika I, 1, 12.
[3]) Sokrates in der Apologie 29 d.
[4]) Plato Staat 496 d. Wie eine tendenziöse Auffassung der Dinge
irreführen kann, zeigt die Verdrehung dieser Stelle bei Köchly S. 267.
[5]) Memor. IV, 4. 2. σὺν τοῖς νόμοις ἠναντιώθη τοιαύτῃ ὁρμῇ τοῦ
δήμου, ἣν οὐκ ἂν οἶμαι ἄλλον οὐδένα ἄνθρωπον ὑπομεῖναι.

widerstrebte, so vor Euch zu reden, wie Ihr es am liebsten
hört".[1)]

Wenn Sokrates in einer Zeit, wo nach Gomperz dies
„edle und bildsame" Volk doch schon durch Niederlagen gebeugt
und durch schmerzliche Erfahrungen „geläutert" war, sein Auf=
treten gegen einen schreienden Rechtsbruch, gegen einen mehrfachen
Justizmord beinahe mit dem Leben gebüßt hätte, was konnte er
da von einer öffentlichen Thätigkeit auf der Agora im Sinne
seiner Ideale in einer früheren Zeit erwarten, wo der Demos
von Athen auf der Höhe seines Machtbewußtseins stand?

Aber ist nicht die ganze Vorstellung von der Möglichkeit
einer dauernden ethischen Einwirkung auf die Masse in Agora
und Gericht an und für sich schon eine utopische? Was ver=
mag hier selbst der beredteste Reformer gegen die proteusartige
Wandelbarkeit, die wir bereits als spezifischen Charakterzug der
Masse kennen? Bleiben doch nicht einmal die Personen, an
denen ein solcher Reformator zu wirken hätte, dieselben. Wie oft
und wie rasch wechselt der Personenstand großer Versammlungen,
wie oft sind ihre Beschlüsse nur Minoritätsbeschlüsse, indem
heute diese, morgen jene Minderzahl der Berechtigten als
Mehrzahl der zufällig Anwesenden erscheint. Dazu welch
eine Möglichkeit des Stimmungswechsels innerhalb ein und
derselben Versammlung![2)] Wahrlich, mit gutem Grunde warnt
ein klassischer Kenner der Masse vor der Illusion, als habe
der, den die Volksstimme einmal zu öffentlichen Ehren erhoben,
gewissermaßen einen Freibrief, der ihm weitere Ehre sichert.[3)]

[1)] λέγειν πρὸς ὑμᾶς τοιαῦτα οἶ᾿ ἂν ὑμῖν ἥδιστ᾿ ἦν ἀκούειν 38 d.

[2)] Ein lehrreiches Beispiel solch' eines radikalen Stimmungswechsels
gibt Bagehot a. a. O. S. 105.

[3)] Cicero pro Murena 17. Pergitisne vos tamquam ex syn-
grapha agere cum populo, ut, quem locum semel honoris cuipiam
dederit, eundem in reliquis honoribus debeat? Die Anschauung
Grotes über die „Anhänglichkeit und Beständigkeit" des Volkes gegenüber
seinen Führern beruht auf einem idealisierenden Doktrinarismus. Perikles
beweist nichts. Denn die lange Dauer seiner Macht verdankt er minde=
stens ebensosehr der Gunst der politischen Lage und ihrer Nutzbarmachung
für den Demos, wie seiner Persönlichkeit.

„Keine Meeresenge — sagt er — hat solche Wellenschwankungen, wie das politische Versammlungswesen. Ein Tag, eine Nacht, der leise Hauch eines Gerüchtes kann alles verändern. Oft fällt die Entscheidung ohne jeden sichtbaren Grund anders aus, als man erwartete, so daß das Volk manchmal selbst sich über das Geschehene wundert, als ob dasselbe gar nicht sein Werk wäre! Nichts ist unzuverlässiger als die Masse, nichts unsicherer, als der Wille des Menschen, nichts trügerischer als das ganze Versammlungswesen".[1]) Wo bleibt da die erste Voraussetzung einer sozialpädagogischen Thätigkeit, wie sie Gomperz im Auge hat, die Stetigkeit und die Fähigkeit zum konsequenten Fest= halten an dem einmal Ergriffenen, wenn, — wie Dante so schön von dem demokratischen Florenz gesagt hat, wie es aber auch für Athen völlig zutrifft, — schon im November zerrissen sein kann, was im Oktober gesponnen?[2])

Es ist, als ob Plato die Lehre von dem „brauchbaren Stoff in der Hand des großen Bildners" vorausgeahnt hätte. Läßt er doch im Anschluß an das großartige Bild von der Schiffsmannschaft und dem Steuermann im „Staat" Sokrates an den Mitunterredner die Aufforderung richten: „Teile doch demjenigen, der sich wundert, daß die Weisheitsliebenden (wir würden mit Schmoller sagen: die Vertreter der geistigen und moralischen Interessen) in den Staaten nicht in Ehren stehen, dieses Bild mit und suche ihn zu überzeugen, daß es wohl weit mehr zu verwundern wäre, wenn sie in Ehren ständen; und daß er daher mit Recht sagt, daß die im Streben nach Weis= heit Tüchtigsten für die große Menge unbrauchbar sind. Fordere ihn aber auf, die Schuld dieser Unbrauchbarkeit denen beizumessen, die keinen Gebrauch von ihnen machen, nicht aber jenen Trefflichen".[3])

---

[1]) Ebd. Nihil est incertius vulgo, nihil obscurius volun- tate hominum, nihil fallacius ratione tota comitiorum.

[2]) „So schnell sie mit dem Beschließen sind, — sagt Aristophanes Ekklesiazusen 797 von den Athenern, — so schnell zurückgeht wieder, was beschlossen ist! S. die Schilderung bei [Demosthenes] 10, 44 f.

[3]) Staat 489 b.

Doch nicht nur das verkennt der politische Doktrinarismus, den Gomperz vertritt; er übersieht auch, daß die politische Passivität des Sokrates und eines Teiles seiner Schüler eine typische Erscheinung ist, die sich zu allen Zeiten, — wenn nicht starke Momente entgegenwirken, — als das notwendige Ergebnis einer übermäßigen Demokratisierung des Staatslebens einzustellen pflegt.

Das Ziel dieser Demokratisierung ist die möglichst schrankenlose Herrschaft der Mehrheit.[1]) Was ist aber die Mehrheit? Eine Frage, auf die ich keine bessere Antwort wüßte, als die, welche Goethe in den Wanderjahren gibt: „Nichts Widerwärtigeres als die Majorität. Denn sie besteht aus wenigen kräftigen Vorgängern, aus Schelmen, die sich akkommodieren, aus Schwachen, die sich assimilieren und der Masse, die nachtrollt, ohne nur im Mindesten zu wissen, was sie will". Daher die unvermeidliche Begleiterscheinung der Majoritätsherrschaft: steigendes Übergewicht der gewerbsmäßigen Politiker, die es verstehen, die Masseninstinkte zu leiten und Sonderinteressen dienstbar zu machen, zunehmende Ohnmacht des uneigennützigen und einsichtsvollen Patriotismus, der nur die Bedürfnisse des Staates und die Notwendigkeiten des staatlichen Lebens im Auge hat. Was vermag hier der Einzelne im Kampf gegen den „vielköpfigen Despoten", wie Aristoteles die Massenherrschaft so treffend bezeichnet hat, gegen den König Demos?[2]) Meist nicht mehr als ein Sandkorn im Wirbelsturm! Was Tocqueville von der nordamerikanischen Demokratie gesagt hat,[3]) gilt von der autokratischen Volksherrschaft in besonderem Maße: „Wenn hier jemand von der Staatsgewalt Unrecht leidet, an wen soll er sich wenden? An die öffentliche Meinung? Sie bildet eben die Majorität. An die Volksvertretung? Sie vertritt die Majorität und gehorcht ihr blindlings. An die Beamten? Sie sind deren passive

---

[1]) Ἐν γὰρ τῷ πολλῷ ἔνι τὰ πάντα. Herodot III, 80.

[2]) Unsere Gewalt — sagt der Geschworene in den Wespen des Aristophanes v. 549 — ist nicht geringer, denn irgend welche Königsgewalt (οὐδεμιᾶς ἧττον βασιλείας).

[3]) II, 146.

Werkzeuge. An die bewaffnete Macht oder die Jury? Das
ist aber nur wiederum die Majorität in Waffen oder im
Gericht".

Die Majorität im Gericht! Wer hätte es tiefer empfinden
können, als der athenische Bürger, was es heißt: Auslieferung
des Rechtes an die Masse, an Geschworenengerichte, die nach
Hunderten von Köpfen zählten, Volksversammlungen im Kleinen,
deren tiefes geistiges und sittliches Niveau durch nichts drasti=
scher beleuchtet wird, als durch die Gemeinheit und Rabulistik
eines großen Teiles der gerichtlichen Beredsamkeit[1]) des demo=
kratischen Athens und durch die Ehrlosigkeit der Organe, deren
Dienst sich diese Volksjustiz mit einem gewissen cynischen Be=
hagen gefallen ließ, der „Sykophanten", der „Hunde des
Volkes"[2]) mit ihrem Gefolge von Klatschern, Aushorchern und
falschen Zeugen. Erscheinungen, die zugleich der beste Beweis
dafür sind, daß der Geschwornentypus, wie er in dem aristo=
phanischen Philokleon verkörpert ist,[3]) in wesentlichen Zügen
der Wirklichkeit entspricht. Dieser „entsetzliche Philister",[4]) den
die Verfassung zum Herrn über Leben und Tod der Bürger
machte, war gewiß in Hunderten von Exemplaren vorhanden.
„Glücklich, sich gefürchtet und von jammernden Angeklagten und
deren Angehörigen umgeben zu sehen, von der Verhandlung wie
von einem kunstreichen Schauspiel unterhalten, da ihm die Un=
glücklichen und Bedrohten schmeicheln und sogar Possen vor=
machen müssen, sich weidend an der verantwortungslosen Will=
kür und dem Schrecken, den er verbreiten kann";[5]) — das ist
ein Typus, wie er auf diesem Boden mit psychologischer Not=
wendigkeit erwachsen mußte, und auch heute genau so wieder=
kehren würde, wenn wir dieselbe Organisation der Justiz hätten.

---

[1]) Hier zeigt es sich noch mehr, als auf der Agora, daß die Bered=
samkeit, wie der Betrug nicht umsonst dem Hermes geweiht war. (Ἑρμῆς
λόγιος! S. Preller, Griech. Mythol. I³, 340 ff.)

[2]) Wespen 548 ff.

[3]) Demosthenes XXV, 40. κύων τοῦ δήμου! Vgl. Theophr. 31, 3

[4]) Nach dem treffenden Ausdruck von Burckhardt.

[5]) Burckhardt I, 237.

Je mehr die Masseninstinkte und der verrohende und ver=
flachende Massengeist für das öffentliche Leben bedeuten, je
häufiger diesem das Volk aus seiner Mitte Elemente zuführt,
die den Lebensgewohnheiten und Lebensformen, dem sittlichen
und geistigen Niveau der Masse, des sei es nun besitzenden oder
nicht besitzenden Pöbels nahestehen, um so größer ist die Ge=
fahr, daß das Niveau der öffentlichen Körperschaften sinkt. Was
hier an die Oberfläche kommt, besitzt eine instinktive Abneigung
gegen Alles, was nicht derselben Schicht angehört, was durch
Charakter oder Intelligenz über das der moralischen und geistigen
Mittelmäßigkeit kongeniale Niveau hinausragt. „Wissenschaft=
liche Bildung hat zur Folge, daß man mißgünstig angesehen
wird",[1] diese Erfahrung hat Aristoteles gerade im Volksstaat
gemacht, und schon Thukydides hat derselben Erfahrung klassi=
schen Ausdruck verliehen in einer Rede, welche er Kleon, dem
typischen Repräsentanten der Masse, in den Mund legt. — Das
Wohl des Staates, — meint der Demagoge, — sei viel besser
aufgehoben in den Händen der Ungebildeten, als der Gebildeten.
Diese wollen immer die Klügeren sein. Jene, weniger geschickt,
an der Rede eines Mannes, der gut und richtig gesprochen, Aus=
stellungen zu machen,[2] träfen meist das Richtige![3], d. h. aus

[1] Rhetorik II, 23 (1399, 14) τῇ παιδεύσει τὸ φϑονεῖσϑαι ἀκολουϑεῖ
κακόν.

[2] Diese thatsächliche geistige Hülflosigkeit der Masse gegenüber den
redegewandten Demagogen und Sykophanten ironisiert köstlich Aristophanes
in den Rittern (v. 1110 ff.):

> „Wohl ist Dir, o Volk, bestellt
> die herrlichste Macht der Welt.
> Es fürchtet Dich alle Welt
> als Herrn und Tyrannen.
> Doch läßt Du Dich führen leicht,
> Vom Hätscheln Dich rühren leicht,
> Die Redner, die stierst Du an,
> Dein Witz, er spazieret dann,
> Wie Du da sitzt, in die Wolken!

[3] III, 37, 4. οἵ τε φαυλότεροι τῶν ἀνϑρώπων πρὸς τοὺς ξυν-
ετωτέρους ὡς ἐπὶ τὸ πλεῖον ἄμεινον οἰκοῦσι τὰς πόλεις. Vgl. 5:
ἀδυνατώτεροι τοῦ καλῶς εἰπόντος μέμφασϑαι λόγον.

dem demokratischen Jargon in die Wirklichkeit übersetzt: Die Gebildeten und Einsichtigen sollen den gewerbsmäßigen Politikern das Feld überlassen, damit dieselben bei der kritiklosen Masse um so leichteres Spiel haben. Ein Standpunkt, den Aristophanes bekanntlich in den „Rittern" in seiner drastischen Weise persifliert hat. Volksführerschaft, — heißt es hier, — sei fürderhin nichts mehr für Leute von Erziehung und Charakter. Unwissend und niederträchtig müsse man sein.[1] Gerade darum hat der Wursthändler einen so großen Vorsprung in der politischen Laufbahn, weil er eben nicht zu den Gentlemen gehört.[2] Kenntnisse schaden nur.[3]

„Um deßwillen wirst Du gerade der große Mann, weil Du gemein und frech und her von der Gasse bist".[4] Bei aller possenhaften Übertreibung, die wir gewiß nicht verkennen, liegt doch auch hier ein tiefer Sinn im Spiel. Es ist in der That nur zu wahr, daß vor der nivellierenden Tendenz der Demokratie der Adel der Bildung und Gesittung mehr und mehr das Feld räumen muß. „Das Niedere schwillt, das Höhere senkt sich nieder". Perikles — Kleon; die Namen versinnbildlichen diese verhängnisvolle Wendung für alle Zeiten. Denn auch dieser Prozeß ist typisch.

„Wie wenig — sagt Herbert Spencer (von der Freiheit zur Gebundenheit) — wie wenig sahen die Männer, welche die amerikanische Unabhängigkeitserklärung erließen, daß nach einigen Menschenaltern die Gesetzgebung ganz in die Gewalt der „Drahtzieher" gleiten, daß ihre Gestaltung ganz von der Ämterjagd abhängen würde, daß die Wähler, statt selbständig zu urteilen, durch ihre „Bosses" zu Tausenden als Stimmvieh an die Wahlurne getrieben werden, und daß die anständigen Menschen sich vom politischen Leben zurückziehen, um

---

[1] 191. ἡ δημαγωγία γὰρ οὐ πρὸς μουσικοῦ
ἔτ᾽ ἐστὶν ἀνδρὸς οὐδὲ χρηστοῦ τοὺς τρόπους,
ἀλλ᾽ εἰς ἀμαθῆ καὶ βδελυρόν.

[2] 185 f. — [3] 190. — [4] 180 f.

den Beschimpfungen und Verleumdungen der gewerbsmäßigen
Politiker zu entgehen". Ist es doch Thatsache, daß ehrenwerte
und gebildete Nordamerikaner oft schon die harmlose Frage, ob
sie sich am politischen Leben aktiv beteiligen, als eine Beleidi=
gung auffassen! — In einem Stimmungsbild aus der dritten
französischen Republik heißt es, die Gesellschaft der Politiker in
Frankreich sei eine so schlechte geworden, daß in ihrer Mitte zu
erscheinen, mit ihr und ihren Mitgliedern freundschaftlich zu ver=
kehren, wirklich vornehmen und ehrenwerten Männern nicht zu=
gemutet werden könne.[1]) Auch die République française
machte schon im Anfange der neunziger Jahre die schmerzliche
Beobachtung, daß die Kapazitäten sich zurückziehen, daß
sich in der Demokratie immer mehr eine geschlossene Kaste von
Politikern herausbilde, während Männer, die denken oder zu
denken geben, angewidert von der Roheit der Wahlsitten, sich
immer mehr zurückzögen. Und das Journal des Débats fügte
hinzu, man müsse das aes triplex circa pectus haben, wenn
man sich in den Wahlkampf mische. Öffentliche Versammlungen,
bei denen Beschimpfungen die Gründe ersetzen, und Preßpolemiken,
in denen die Ansichten, wie das Privatleben der Gegner die
heftigsten und bornirtesten Angriffe erführen, dies alles sei wenig
geeignet, einem Mann, der in der Politik mehr sehe als ein
Handwerk, eine Kandidatur zu etwas Anziehendem zu machen.
— Selbst in England haben neuerdings besorgte Patrioten die
Frage aufgeworfen, ob wohl auch fernerhin die Hoffnung be=
rechtigt sei, daß der Einfluß gebildeter Führer den Widerstreit
zwischen Demokratie und Wissenschaft ausgleichen werde.
„Jedenfalls, — meint Sir Henry Maine in seinem Buch über
„volkstümliche Regierung", — deuten die Zeichen der Zeit durch=
aus nicht darauf hin, daß in Zukunft die Führer der großen
Massen überlegene Staatsmänner sein werden". Er hebt als
ein bedenkliches Symptom der zunehmenden Demokratisierung
den Umstand hervor, die politischen Führer hätten zum Teil eine
noch nie dagewesene Geschicklichkeit im Gebrauch und der

---

[1]) S. Allgem. Ztg. v. 15. Dez. 1895.

praktischen Anpassung allgemeiner Redensarten gewonnen, während sie gleichzeitig ängstlich an einem Sprachrohr horchen, dessen anderes Ende die Vorschläge einer niederen Intelligenz empfängt.[1] — Was endlich die Demokratie der Schweizer Kantone betrifft, von denen Grote gesagt hat, daß sie, wie kein anderes europäisches Staatengebilde, „eine gewisse Analogie zu den Staaten von Althellas darstellen", so hat selbst dieser große Fürsprech der Demokratie anerkannt,[2] daß die Wendung zur autokratischen Volksherrschaft im antiken Sinne, wie sie mit der Einführung des Referendums gemacht wurde, ein gefährliches und nur zu oft unüberwindliches Gegengewicht gegen eine intelligente, unabhängige und vorurteilslose Führung der Staatsgeschäfte geschaffen habe.

Bedeutsamer aber noch, als all dieses ist die Analogie des Stadtstaates der Renaissance, einmal, weil er ein unmittelbares Seitenstück zur hellenischen Polis bildet, und dann, weil hier der ganze geschilderte Prozeß ebenso völlig abgelaufen vor uns liegt, wie dort. Auch hier begegnen wir infolge der Unsicherheit und Gehässigkeit des demokratischen Parteiregiments, infolge der Parteilichkeit und des Eigennutzes der Gerichte, worin manche Zeitgenossen geradezu ein charakteristisches Merkmal der Volksherrschaft sahen, infolge der wachsenden Abneigung gegen die in den Republiken schaltenden „Schuster und Schneider" und den von schlauen Egoisten geköderten großen Hausen, gerade bei hervorragenden Männern einer zunehmenden Abwendung vom Staat, oft einem wahren Staatsüberdruß.[3] Vom Parteigetriebe angewidert, beginnt man zu sich selbst zurückzukehren.[4] Man flüchtet in das Reich des Geistes, um sich vor

---

[1] S. 24.

[2] In den Seven letters on the Recent Politics of Switzerland 1847.

[3] S. v. Bezold, Monarchie und Republik in der italienischen Literatur des 15. Jahrh. Histor. Ztschr. Bd. 81 (1898) S. 441.

[4] S. den bei v. Bezold angeführten Vespasiano da Bisticci Vite di uomini illustri 3 S. 135 f.: ritrarsi dallo stato e attendere alle lettere e al comporre; rivocare la mente a sensi e ritornare a sè medesimo; alienarsi intutto dalla repubblica.

herabwürdigender Abhängigkeit und Verkümmerung zu bewahren. In einem Traktat des Alberti wird den „Staatsmenschen", die er Räuber, Schurken und Narren nennt, ihrer „Bestialität" und eingebildeten Ehre der wirklich ehrenwerte und vernünftige Mann gegenübergestellt, der der Politik fernebleibt und für sich und die Seinen sorgt. „Unter der Menge, — sagt er, — mußt Du nicht stehen oder gehen, sonst wirst Du gestoßen".[1]) Selbst der ursprünglich gut demokratische Boccaccio fühlt sich innerlich abgestoßen von dem „Schmutz" des Florentiner Parteiregiments, und einem so freiheitlich gesinnten Mann wie Salutati entschlüpft doch gelegentlich das Wort, jeder, auch der kleinste Freistaat sei ein vielköpfiges Ungeheuer![2])

Wenn nun aber schon in diesen neueren Stadtstaaten der Druck der Volksherrschaft so intensiv empfunden ward, wieviel mehr muß dies noch in der griechischen Polis der Fall gewesen sein mit ihrer enormen Macht über das ganze Dasein des Bürgers, unter einer Massenherrschaft, deren Unvernunft und Bösartigkeit immer eine Bedrohung des Einzelnen in seinen ökonomischen, sozialen, ja physischen Existenz enthielt und schon dadurch gerade die fähigsten und besten Elemente mit steigender Erbitterung erfüllen mußte, zumal in einer Zeit, in der die Entfaltung der Individualität, die Erhebung der Persönlichkeit über das Massenleben so gewaltige Fortschritte gemacht hatte! Hier bedurfte es wahrlich nicht erst der Beschäftigung mit dem allgemein Menschlichen, um eine Entfremdung vom Staat herbeizuführen! Die Demokratie selbst arbeitete mit aller Kraft auf dieses Ergebnis hin.

Daher hat die Frage, ob der Verzicht auf politische Thätigkeit zu billigen sei, schon die Zeitgenossen des Sokrates und zwar gerade die geistig höchststehenden Kreise auf das Lebhafteste beschäftigt. Sie ist auf der Bühne, — wie heute in der Presse, — vor allem Volke verhandelt worden. So läßt Euripides, der ja selbst auch dem politischen Leben völlig ferne blieb, seinen

---

[1]) Opere vulgari I, 35.
[2]) S. v. Bezold S. 444.

Jon in der Szene, wo er die ihm angebotene Herrschaft zurück-
weist, die Worte sprechen: „Wenn ich, aufgeschwungen in die
Vorderbank der Städter, etwas gelten will, dann werden mich
die Niedern hassen, welche gram den Mächtigern sind. Die
Wackern aber, welche durch Weisheit etwas vermöchten, nun
aber schweigen, ohne Drang nach Amtsgewalt, die
werden meiner spotten als des Thörichten, der in der lärm-
(oder furcht-) erfüllten Stadt nicht rasten kann. Die Redner
endlich, welche schalten in der Stadt, die werden mehr noch
mich belauern, wenn empor ich stieg."[1]) Dagegen preist der
Redner die Muse, „der Menschen Allerliebstes, wo wenig Über-
laufes (ὄχλος μέτριος), aus dem Wege trieb kein Böser mich:
Ganz unerträglich ist es ja, ausweichend Schlechtern müssen aus
dem Wege geh'n".[2]). In einem herrlichen Lobgesang auf das
Leben des Forschers, der aus einem andern, verlorenen Drama
erhalten ist, wird der Forscher eben deshalb glücklich gepriesen,
weil er sich von all dem ungerechten und schimpflichen Treiben
der Berufspolitiker rein erhält,[3]) in dem, — wie es an anderer
Stelle heißt, — die bloße Zungenfertigkeit so oft den Sieg
über Wahrheit und Gerechtigkeit davonträgt,[4]) die edelsten Vorkämpfer des Rechtes schnöder Mißgunst zum Opfer fallen.[5])
Gegen den Demagogen „mit der unverschämten Zunge, stark
durch Dreistigkeit",[6]) der auf den Lärm des Pöbels pocht, kommt
der „brave Mann" schwer auf. So wahr er sprechen mag,
er rühret nicht des Pöbels Herz und der Schurke siegt.[7]) —
Es ist ein Krebsschaden des Staates, wenn der edle und tüchtige
Mann nicht mehr gilt, als die schlechteren.[8]) Und doch sind

---

[1]) Jon 595 ff.
[2]) 634 ff.
[3]) Fragm. 902. τοῖς δὲ τοιούτοις οὐδέποτ' αἰσχρῶν ἔργων μελέτημα
προσίζει.
[4]) Fragm. 57.
[5]) Fragm. 297. ἤδη γὰρ εἶδον καὶ δίκης παραστάτας ἐσθλοὺς πονηρῷ
τῷ φθόνῳ νικωμένους.
[6]) Orestes 891
[7]) 893, 906, 931 f.
[8]) Hekabe 306.

es gerade diese, welche überall sich vordrängend in der Gunst des Volks am höchsten stehen!¹)

In der That, man braucht sich die Lage nur einigermaßen zu vergegenwärtigen: einen Sokrates mitten hineingestellt zwischen die Masse auf der einen und die gewerbsmäßigen Politiker und Redner, die Demagogen und Sykophanten auf der anderen Seite, so wird man keinen Augenblick darüber zweifelhaft sein können, daß diese Situation ihm sehr bald das Eingeständnis seiner Ohnmacht aufgedrängt oder ihn in Exil und Tod geführt hätte. „Ich bin zum Politiker zu ungeschickt", — dieses seine ironische Wort, das ihm Plato in den Mund legt,²) enthält die beste Rechtfertigung seines Verhaltens. Und noch mehr würden wir ihn begreifen, wenn wir wirklich wüßten „über wie viele vorzügliche Menschen sich damals der stille Entschluß des Schweigens und Verzichtens verbreitet" hat.³)

Übrigens hätte Sokrates in der Bildnerrolle, die er nach Gomperz hätte übernehmen müssen, nicht nur einen Kampf zu bestehen gehabt mit Unverstand und politischer Leidenschaft, sondern auch mit einer Macht, die nur zu gerne über die hinwegschreitet, die sich ihr in den Weg stellen. Sokrates und die Sokratik wird bekanntlich nicht müde, einen Geisteszustand der Gesellschaft zu bekämpfen, wie er in dem kapitalistischen Handels= und Industriestaat seiner Zeit gerade der herrschende war: die Entartung des Erwerbsstrebens, die Überschätzung des materiellen Gutes, überhaupt die einseitige Vorherrschaft des Geldes in Staat und Gesellschaft.⁴) Hätte Sokrates diesen

---

¹) Fragm. 786: τοὺς γὰρ περισσοὺς καί τι πράσσοντας πλέον τιμῶμεν ἄνδρας τ᾽ ἐν πόλει νομίζομεν.

²) Gorgias 473 e, mit Bezug auf die Erfahrungen im Arginusenprozeß.

³) Burckhardt II, 359.

⁴) Plato Apologie 29 e. 30 b. 36 b 41 e. Xenophon Mem. II, 6. 24. Daß gerade die hier hervorgehobene Tendenz echt sokratisch ist, wird niemand bezweifeln, der in Sokrates mehr sieht, als einen bloßen „Moralzergliederer", zu dem ihn u. A. Joel gemacht hat. Eine Auffassung, der übrigens auch Gomperz sich allzusehr nähert, obwohl er die Absicht einer, wenn auch nur mittelbaren Förderung des moralischen Fortschrittes ausdrücklich zugibt. II, 87.

Kampf, der in gewissem Sinne ja ebenfalls ein Kampf gegen das Massenleben war, auf die Agora und in die Gerichtshöfe verpflanzt, so würde sich von vorneherein alles gegen ihn verschworen haben, was von der „goldenen Ernte der Rednerbühne",[1]) von der Bereicherung am Staat[2]) oder sonst von Ausbeutung und Corruption lebte und von diesem rücksichtslosen Vorkämpfer der Ehrlichkeit und der uninteressierten Vaterlandsliebe eine Gefährdung seiner Interessen zu erwarten hatte. Er hätte die Begehrlichkeit der niederen Masse ebenso gegen sich gehabt, wie den materiellen Egoismus der Partei des Besitzes, der Profitwut der Spekulanten,[3]) Lieferanten,[4]) Wucherer und Räuber am Staatsgut, der gewerbsmäßigen Politiker und Sykophanten. Wie sich Gomperz diesen Kampf eines armen Kleinbürgers gegen die vereinigte Macht der hier bedrohten Interessen vorstellt, zu dem doch Sokrates durch sein innerstes Wesen gedrängt worden wäre, wenn er, — um eine Phrase von Gomperz[5]) zu brauchen, — „im Sonnenlicht des öffentlichen Lebens kraft- und ruhmvoll schaffen" wollte, — das begreife, wer kann!

Indem wir so die politische Zurückhaltung des großen Denkers geschichtlich zu verstehen suchen, fallen für uns auch die Schlüsse hinweg, die Gomperz aus derselben gezogen hat, insbesondere, daß Sokrates „sein Volk verlassen, ihm kaltsinnig den Rücken gekehrt, jede an seine Erziehung gewendete Mühe für verschwendet erklärt" habe. Woher weiß Gomperz, daß die Resignation, die sich Sokrates auferlegte, nicht eine schmerzliche war? Wie sagt doch Goethe? „Man denke sich das

---

[1]) χρυσοῦν θέρος τὸ βῆμα!

[2]) κλέπτειν τὰ δημόσια.

[3]) Vgl. das interessante Beispiel einer solchen mächtigen Spekulantenclique, die jeden, der ihre Zirkel störte, geradezu zu verderben trachtete, bei Andokides de myst. 133.

[4]) Vgl. Aristophanes Ritter 128 ff.

[5]) Die Thätigkeit eines Politikers in seinem Sinn ist ein „διακωλύειν πολλὰ ἄδικα καὶ παράνομα ἐν τῇ πόλει γίγνεσθαι." Plato Apol. 31 e.

[6]) I, S. 336.

Große der Alten, vorzüglich der sokratischen Schule, daß sie Quelle und Richtschnur alles Lebens und Thuns vor Augen stellt nicht zu leerer Spekulation, sondern zu Leben und That auffordert"! Für den mächtigen reformatorischen Geist, für den gewaltigen Drang nach Umsetzung der Erkenntnis in praktisches Handeln, wie er gerade die echte Sokratik beseelt, war die Unmöglichkeit des Wirkens im Staat und für den Staat identisch mit dem Verzicht auf das, was — nach der Anschauung des Sokrates — ein Stück menschlicher Glückselig=keit,[1]) die „schönste Tüchtigkeit",[2]) eine wahrhaft große „königliche" Kunst ist.[3]) Daher wird jene Unmöglichkeit auch keineswegs „kaltsinnig" hingenommen, und wir sehen den Schmerz über die erzwungene Resignation selbst da unwillkürlich hervorbrechen, wo man es am wenigsten erwarten sollte. Gerade an der Stelle, wo Plato das reine Forscherdasein fern von dem verblendeten Thun der Menge mit emphatischen Worten preist, kommt auch das bittere Gefühl über das Ungenügende einer solchen Existenz zum Ausdruck. „Wer ein solches Leben lebt, — sagt er im „Staat", — mag nicht ganz Geringes vollbracht haben; aber das Größte blieb ihm versagt, weil er keinen tauglichen Staat gefunden hat. Denn in einem solchen würde er selbst größer werden und mit dem eigenen das gemeine Beste fördern können.[4]) Ein Standpunkt, der im Wesentlichen der des Sokrates selbst ist.[5])

Übrigens kann man sogar von Plato noch in der Zeit, als er den „Staat" schrieb, nicht sagen, daß er an seinem

---

[1]) Xenophon (Mem. II, 1, 17) läßt den Kosmopoliten Aristipp zu Sokrates sagen: ..τὴν βασιλικὴν τέχνην ... δοκεῖς μοι σὺ νομίζειν εὐδαιμονίαν εἶναι. Vgl. ebd. über den Zusammenhang von allgemeinem und individuellem Wohl. III, 7, 9.

[2]) A. a. O. III, 6, 2 das προστατεύειν τῆς πόλεως καλὸν εἴπερ τι καὶ ἄλλο τῶν ἐν ἀνθρώποις.

[3]) A. a. O. IV, 2, 11 ... τῆς καλλίστης ἀρετῆς καὶ μεγίστης ἐφίεσαι τέχνης· ἐστι γὰρ τῶν βασιλέων αὕτη καὶ καλεῖται βασιλική.

[4]) 496 e Dies wird wiederholt 499 b.

[5]) Xenophon Mem. III, 6, 2. δῆλον γὰρ, ὅτι, ἐὰν τοῦτο διαπράξῃ, δυνατὸς μὲν ἔσει αὐτὸς τυγχάνειν ὅτου ἂν ἐπιθυμῇς ἱκανὸς δὲ τοὺς φίλους ὠφελεῖν. Vgl. IV, 2, 11.

Volke verzweifelt hätte. Er glaubte damals noch an die
Möglichkeit einer heilsamen Krisis, durch welche vielleicht die
„wahren Staatsmänner", wie sie eben die Akademie zu bilden
unternahm, ans Ruder gelangen könnten. Und er dachte
gleichzeitig noch so optimistisch von seinen Mitbürgern, daß er
durchaus nicht daran zweifelte, dieselben würden sich in diesem
Falle als brauchbarer Stoff in der Hand der philosophischen
Regenten erweisen. Er meint: Wenn sich die Mehrheit gegen=
wärtig den Forderungen der Denker verschließe, so sei dies nur
die Folge mangelnder Erfahrung und absichtlicher Irreführung.¹)
Würden aber die Bürger wirklich einmal eine Regierung der Denker
am Werke sehen, und durch freundliche Belehrung und Zusprache
über deren wahre Ziele aufgeklärt, so würde auch die — jetzt
feindselige — Mehrheit zu der Einsicht gelangen, daß eine solche
Regierung nur ihr Bestes wolle, und ihnen nicht länger wider=
streben.²) Von dem verderblichen Einfluß der gewerbsmäßigen
Politiker und Zungendrescher befreit und nicht mehr zu souveränen
Machtentscheidungen zusammenberufen, würde auch die Mehrheit
zur Vernunft kommen und sich willig und neidlos der Führung
der geistig höher Stehenden überlassen! Gleichzeitig wendet
sich Plato mit einer gewissen Lebhaftigkeit gegen jede weniger
sanguinische Beurteilung des Volkes: Wer ihm diesen Grad von
Bildungsfähigkeit abspreche, der erhebe eine ungerechte Be=
schuldigung gegen das Volk!³)

Wenn selbst ein Plato — nach dem Untergang seines
Meisters! — noch solche utopische Erwartungen von den Athenern
hegen konnte, so wird man es kaum für wahrscheinlich halten,
daß bereits Sokrates völlig an ihnen verzweifelt, jede an ihre
Erziehung gewendete Mühe für Verschwendung erklärt haben
sollte. Seine Schüler haben jedenfalls eine andere Ansicht von
ihm gehabt. Xenophon z. B. legt ihm gegenüber einer allzu

---

¹) Staat 499 e und 498 d. Vgl. meine Geschichte des antiken Com=
munismus und Sozialismus I. 420 f.

²) 500 e.

³) 499 e. ὦ μακάριε, ἦν δ'ἐγώ, μὴ πάνυ οὕτω τῶν πολλῶν κατ-
ηγόρει.

pessimistischen Beurteilung der Athener ausdrücklich die Worte in den Mund, man solle ja nicht glauben, daß dieselben an einer so unheilbaren Verderbtheit leiden.[1]) Man dürfe keineswegs an ihnen verzweifeln, als ob ihnen z. B. aller Sinn für staatliche Ordnung abhanden gekommen sei.[2]) Ja es wird sogar die Hoffnung ausgesprochen, wenn sich die Athener auf ihre ruhmvolle Vergangenheit besinnen oder Sparta zum Vorbild nehmen wollten, würden sie selbst dieses überflügeln können,[3]) sie würden die Stärksten und Tüchtigsten von allen sein![4]) — Auch Plato stimmt hier mit Xenophon durchaus überein. In der Apologie erscheint ja Sokrates keineswegs als der passive Theoretiker, der den Dingen ruhig ihren Lauf läßt. Er wirkt und lehrt! Und dieses Wirken ist für ihn ein Dienst, den er seinem Volke und damit auch dem Staat erweist.

Er sei von der Gottheit hinter der Stadt hergeschickt, wie hinter einem großen und edlen Rosse, das aber seiner Größe wegen etwas träge ist und daher eine Bremse zur Seite haben müsse, die es ansporne. Im Dienste seiner idealen Mission der Aufklärung und Veredlung, die allen ohne Unterschied, Jung und Alt, Bürgern und Fremden zu Gute gekommen, „den Mitbürgern aber um so mehr, als sie ihm der Herkunft nach näherstünden"[5]), zum Heile der Stadt[6]) habe er so viele Jahre hindurch Haus und Erwerb vernachlässigt, nur um für sein Volk thätig sein zu können.[7]) Und in dieser sein Wirksamkeit habe er allezeit an das patriotische Empfinden appelliert,

---

[1]) Mem. III, 5, 18. μηδαμῶς, ἔφη, οὕτως ἡγοῦ ἀνηκέστῳ πονηρίᾳ νοσεῖν Ἀθηναίους.

[2]) Ebd. 20. Οὐ τοίνυν, ἔφη, ἀθυμεῖν, ὡς οὐκ εὐτάκτων ὄντων Ἀθηναίων.

[3]) III, 5,14.

[4]) Ebd. 8. πάντων ἂν εἶεν κράτιστοι.

[5]) Apologie 30a: μᾶλλον δὲ τοῖς ἀστοῖς ὅτῳ μοι ἐγγυτέρω ἐστὲ γένει.

[6]) Ebd. καὶ ἐγὼ οἶμαι οὐδέν πω ὑμῖν μεῖζον ἀγαθὸν γενέσθαι ἐν τῇ πόλει ἢ τὴν ἐμὴν τῷ θεῷ ὑπηρεσίαν.

[7]) 31b. τὸ ... ὑμέτερον πράττειν ἀεί, ἰδίᾳ ἑκάστῳ προσιόντα κτλ. Es ist geradezu göttliche Fürsorge für die Stadt (ὁ θεὸς κηδόμενος ὑμῶν!), wenn ihr ein Bildner wie Sokrates zu teil wird.

indem er „in seiner gewohnten Weise" den Einzelnen darauf
hin angesprochen habe, er müßte sich schämen, Bürger Athens
zu sein, der „durch Intelligenz und Tüchtigkeit ersten
Stadt von Hellas", wenn er auf Vermehrung seiner Einsicht
und Veredlung seines Herzens weniger bedacht wäre, als auf
äußeres Gewinnstreben.[1]) Ein Standpunkt, um dessentwillen
Sokrates im Gorgias mit dem Arzte verglichen wird, der, was
er an den andern thut, zur Förderung ihrer Gesundheit thut.
Er habe gegen die Athener angekämpft als ihr Arzt um ihrer
moralischen Gesundung willen; und insofern habe er gerade die
echte Staatskunst geübt „zum Besten des Staates", „zum Heile
des Volkes". „Euer Vorteil ist es, — hätte er den Richtern
erwidern können, — den ich im Auge habe".[2])

Man hat die Apologie, „stilisierte Wahrheit" genannt.
Wenn dies der Fall, — und die Bezeichnung ist gewiß zu=
treffend! — so mag man dem Verfasser noch so viel Freiheit
in der Gestaltung des Einzelnen einräumen, — den Kern des
sokratischen Wirkens kann er nicht verzeichnet haben. Um so
weniger, als hier ja offenkundige Thatsachen allzulaut sprachen.[3])
Daß Sokrates seinem Volke nicht kaltsinnig den Rücken gekehrt,
sondern die Discussion über die Probleme des geistigen und
sittlichen Lebens hinausgetragen hat in die freieste Öffentlichkeit,
ist eine von diesen Thatsachen. Und was er mit dieser auf=
klärenden Wirksamkeit bezweckte: ob es ihm lediglich um die
Freude am dialektischen Spiel zu thun war oder ob er zugleich

---

[1]) 29 d. καὶ ἕωσπερ ἂν ἐμπνέω καὶ οἷός τε ὦ, οὐ μὴ παύσωμαι
φιλοσοφῶν καὶ ὑμῖν παρακελευόμενός τε καὶ ἐνδεικνύμενος ὅτῳ ἂν ἀεὶ
ἐντυγχάνω ὑμῶν, λέγων οἷάπερ εἴωθα, ὅτι ὦ ἄριστε ἀνδρῶν, Ἀθηναῖος
ὢν, πόλεως τῆς μεγίστης καὶ εὐδοκιμωτάτης εἰς σοφίαν καὶ ἰσχύν,
χρημάτων μὲν οὐκ αἰσχύνει ἐπιμελούμενος, ὅπως σοι ἔσται ὡς πλεῖστα
καὶ δόξης καὶ τιμῆς, φρονήσεως δὲ καὶ ἀληθείας καὶ τῆς ψυχῆς, ὅπως ὡς
βελτίστη ἔσται, οὐκ ἐπιμελεῖ οὐδὲ φροντίζεις;

[2]) Gorgias 521 a. 521 e. 522 c.

[3]) Wie hätte Plato seinen Meister zu den Richtern sagen lassen
können, daß er auf sie und die andern Mitbürger unablässig „aufrüttelnd,
zuredend, mahnend" gewirkt habe (ἐγείρων καὶ πείθων καὶ ὀνειδίζων 30 e)
wenn jeder am Gericht Beteiligter das Gegenteil bezeugen konnte?

eine ernste reformerische und erzieherische Tendenz verfolgte;
das kann doch auch nicht so völlig unbekannt gewesen sein, daß
Plato damals schon in einer für die Beurteilung des Mannes
ausschlaggebenden Frage und in diesem Zusammenhang an
Stelle des wirklichen Sokrates ein freies Phantasiegebilde hätte
setzen können:[1]) So bald nach dem Prozeß, wo diese Fragen
vor aller Welt verhandelt wurden, und die persönlichen Er-
klärungen des Mannes über seine Absichten und Ziele so Vielen
noch aus seinem eigenen Munde bekannt waren! In der That
steht Plato mit seiner Auffassung keineswegs allein. Sie wird
bestätigt durch die bekannte Äußerung, die dem Sokrates bei
Xenophon in den Mund gelegt wird, daß er nämlich in
eminentem Sinne politisch thätig sei, indem ja sein Erziehungs-
werk gerade darauf ausginge, eine möglichst große Anzahl
wahrer Staatsmänner heranzubilden.[2]) Eben in dieser Schule
des Verstandes werde man auch vor allem zum Herrschen
geschickt.[3]) Schon als Bürger, — läßt ihn ferner Xenophon
sagen, — könne man unmöglich gleichgültig sein gegen die
Angelegenheiten des Staates.[4])   Kurz überall erscheint das
sokratische Wirken von der Überzeugung getragen, daß der Mann
sein Bestes, die Bethätigung des seiner Persönlichkeit eigentümlichen Könnens dem Wohle der Gesamtheit schuldig sei.

Kann nach alledem auch nur der geringste Zweifel bestehen,
daß die modernen Versuche, Sokrates und seine Lehre in einen

---

[1]) Mit Recht weist Natorp (Philosophische Monatshefte 1894 S. 366)
auf die besonders nachdrückliche Bekräftigung der Wahrheit der betr.
Darstellung in der Apologie hin. Vgl. neben dem schon erwähnten
λέγων οἷάπερ εἴωθα (29 a) auch 30 a: οὐδὲν γὰρ ἄλλο πράττων ἐγὼ περι-
έρχομαι und 30 b εἰ δὲ τίς μέ φησιν ἄλλα λέγειν ἢ ταῦτα, οὐδὲν λέγει.

[2]) Mem. I, 6, 15. Ποτέρως δ᾽ ἄν, ἔφη, μᾶλλον τὰ πολιτικὰ πράττοιμι
εἰ μόνος αὐτὰ πράττοιμι ἢ εἰ ἐπιμελοίμην τοῦ ὡς πλείστους ἱκανοὺς εἶναι
πράττειν αὐτά. Wenn Joel S. 177 dies einen Witz des Sokrates nennt,
so läßt sich mit einem solchen Standpunkt natürlich nicht rechten.

[3]) IV, 5, 12. ἐκ τούτου (τοῦ διαλέγεσθαι) γίγνεσθαι ἄνδρας ἀρίστους
τε καὶ ἡγεμονικωτάτους.

[4]) III, 7, 2. ὧν (sc. τῆς πόλεως πραγμάτων) ἀνάγκη σοι μετέχειν
πολίτῃ γε ὄντι. Vgl. § 9: καὶ μὴ ἀμέλει τῶν τῆς πόλεως, εἴ τι
δυνατόν ἐστι διὰ σὲ βέλτιον ἔχειν.

grundsätzlichen Gegensatz zu Heimat und Vaterland, zum „gesamten nationalen Wesen" zu bringen, historische Phantasien sind, entsprungen aus unklaren doktrinären Begriffen, falschen Fragestellungen, ungenügender Vertiefung in die Realitäten geschichtlichen Lebens?

Viertes Kapitel.

Sokrates als typischer Repräsentant der Vollkultur und der Konflikt mit dem Massengeist.

Allerdings steht Sokrates in einem ausgeprägten Gegensatz zu dem, was man so die „große Allgemeinheit" nennt. Die Masse, mit der wir ihn bereits in seiner öffentlichen Thätigkeit in Conflikt gesehen, und die auch für sein Endgeschick entscheidend wurde, ist ja keineswegs bloß der Pöbel, überhaupt keine sichtbar abgegrenzte Schicht des Volkes. Es ist die große unsichtbare Gemeinde der Gewöhnlichkeit, die sich weithin über alle Volkskreise verbreitet. Ist aber diese Masse, so gewaltig sie auch sein mag an Macht und an Zahl, identisch mit dem ganzen Volke, mit der Nation, ist ihr Leben und Streben gleichbedeutend mit dem „gesamten nationalen Wesen"?

Suchen wir uns den Gegensatz so, wie er in Wirklichkeit bestand, klar zu machen!

Auszugehen ist dabei von dem, was man als den Intellektualismus des Sokrates bezeichnet. In ihm prägt sich in vollendeter Weise das aus, was uns oben als Typus der Vollkultur entgegentrat. Denn das Wesen der Vollkultur besteht ja in einer Vergeistigung des theoretischen, wie des praktischen Lebens, welche in steigendem Maße die unwillkürlichen Bewußtseinsvorgänge durch willkürliche, associative durch apperceptive Vorstellungen ersetzt. Und das ist es eben, was die sokratische Lehre sich als Ziel gesteckt hat. Sie will den Menschen auf eine höhere Stufe geistigen Lebens erheben, indem sie die Erscheinungen der Innen= und Außenwelt einer streng begriffsmäßigen Analyse unterwirst und so das Illusorische zahlloser Durchschnittsmeinungen erweist, die in jener tieseren Schicht des Bewußtseins, in unbewußten und ungeprüsten Gedankenassociationen, in konventionellen Vorurteilen und kritiklos hingenommenen Gemeinplätzen wurzeln[1]) und der freien Entfaltung des geistigen Gehaltes der Vollkultur überall hemmend im Wege stehen.[2]) Und davon erhofft sie zugleich eine Erhöhung des Niveaus des sittlichen Lebens, das nach ihrer Ansicht der Verwirklichung seiner Ziele ebenfalls in bewußter Weise zu dienen hat und daher ebenso eine Rationalisierung erfahren muß.[3])

Die volle individuelle Aneignung dieser der Hochkultur eigentümlichen Denkweise ist nun aber naturgemäß immer nur einer Minderheit möglich. Es ist von vornherein ausgeschlossen, daß alle Glieder des Volkes gleichmäßig am Wesen der Vollkultur teilnehmen. Denn wenn auf der Höhe der Kultur als idealstes Lebensziel die Herausbildung geistiger Werte erscheint, so ist dies Ziel nur unvollkommen oder gar nicht von all denen zu erreichen, für welche den Hauptinhalt der Lebensarbeit die Schaffung wirtschaftlicher Werte, der Erwerb wirtschaftlicher Güter bildet. Der Gedanke, den der Sokrates der Apologie vor seinen Richtern ausspricht, daß ein Leben, das der Erkenntnis entbehrt, nicht lebenswert sei, ist ja den meisten unverständlich. Und mit Recht hat daher Sokrates gerade in diesem Punkt den

---

[1]) Als Motto könnte man an die Pforte des Zeitalters der Vollkultur das Wort im Kriton (46 b) schreiben: ὡς ἐγὼ οὐ μόνον νῦν ἀλλὰ καὶ ἀεὶ τοιοῦτος οἷος τῶν ἐμῶν μηδενὶ ἄλλῳ πείθεσθαι ἢ τῷ λόγῳ ὃς ἄν μοι λογιζομένῳ βέλτιστος φαίνηται.

[2]) Typisch ist in dieser Hinsicht die Bemerkung, die Sokrates bei Xenophon (Mem. IV, 2, 36) gegenüber Euthydemos macht: Ἀλλὰ ταῦτα μὲν ἴσως διὰ τὸ σφόδρα πιστεύειν εἰδέναι οὐδ' ἔσκεψαι.

[3]) Der Intellektualismus des Sokrates überschätzt allerdings die Bedeutung der logischen Selbstzucht für das sittliche Leben, aber so viel ist doch gewiß, daß zwischen der Höhe des geistigen und derjenigen des sittlichen Niveaus der Lebensführung gewisse Zusammenhänge bestehen.

Gegensatz zwischen seiner individuellen Lebensanschauung und der der Masse scharf betont.[1] Aber auch von jenem hemmenden äußeren Moment ganz abgesehen, wie viele sind überhaupt befähigt und gewillt, den Anforderungen zu genügen, welche die logische Selbstzucht der Vollkultur an die Energie des geistigen und seelischen Lebens stellt?

So steht einer Minderzahl von Individuen, in denen sich der Typus der Vollkultur mehr oder weniger scharf ausprägt, die große Mehrheit derer gegenüber, in deren Bewußtsein das ἄλογον μέρος τῆς ψυχῆς einen übermäßig breiten Raum einnimmt und der sokratischen Forderung des γνῶθι σεαυτόν nur zu oft einen unüberwindlichen Widerstand entgegensetzt. — Damals, wie — heute! Denn, — wie Grote treffend bemerkt hat, — „wenn heute ein neuer Sokrates auf dem Marktplatz an Leute beliebigen Standes und beliebigen Berufes dieselben Fragen richten würde, würde er demselben arglosen Dogmatismus, denselben Gemein= plätzen und — in der Diskussion — denselben Widersprüchen begegnen."[2]

Diese für die Zwiespältigkeit aller Kultur so charakteristische Erscheinung hat nun Sokrates mit besonderer Schärfe und Klarheit erfaßt und zum Ausgangspunkt seines ganzen Wirkens gemacht. Mit rücksichtsloser Offenheit und nie erlahmendem Eifer sehen wir ihn allenthalben bemüht, den verhüllenden Schleier wegzureißen, der dem Durchschnittsmenschen den ge= nannten Zwiespalt gar nicht zum Bewußtsein kommen läßt. Indem seine „Menschenprüfung" Angehörige aller Berufskreise daraufhin untersucht, ob sie das auch wirklich wissen, was sie zu wissen glauben, hat er die erschreckende Verbreitung jenes niederen Typus aller Welt dargethan, der Menschheit die Augen über sich selbst geöffnet. Und er scheute sich auch nicht, das

---

[1] 37 e : ἐάν τ' αὖ λέγω, ὅτι ... ὁ ... ἀνεξέταστος βίος οὐ βιωτὸς ἀνθρώπῳ, ταῦτα δ' ἔτι ἧττον πείσεσθέ μοι λέγοντι.

[2] Vol. VIII, 244. Vgl. 243 : In morals, in politics, in political economy on all subjects relating to man and society — the like confident persuasion of knowledge without the reality is sufficiently prevalent.

Niedere offen als solches zu bezeichnen, ihm gegenüber den idealen Rechtstitel des Höheren zu vertreten, zu dem er sich bekannte und seine Zuhörer zu erziehen bestrebt war. In dem Begriff der καλοὶ κἀγαϑοί,[1] wie Sokrates diejenigen bezeichnet, in welchen sich das Wesen der Vollkultur in dem hier entwickelten Sinn am reinsten entfaltet, kommt ein im besten Sinne aristokratisches Bewußtsein zum Ausdruck. Die Aristokratie des Geistes ist es, die hier gegenüber der gebundenen Intelligenz der Vielen (οἱ πολλοί!) als die Gemeinde der wahrhaft Freien erscheint.[2] Wenn man ferner bedenkt, wie hoch im Volksstaat der Machtdünkel und das Selbstgefühl der großen Menge gestiegen war, so ist es sehr wahrscheinlich, daß dies Bewußtsein der unendlich höheren Berechtigung des begriffsmäßigen Denkens gegenüber den „Vielen", die „etwas zu sein glauben, aber nichts sind",[3] sich schon bei Sokrates gelegentlich zu dem schroffen Urteil über die Masse gesteigert hat, das ihm Xenophon in den Mund legt. Die Masse, welche die Agora und die Gerichte füllte, erscheint hier als der „unwissende und ohnmächtige" Haufe von Walkern, Sattlern, Zimmerleuten, Schmieden, Bäckern und Krämern, deren ganzes Sinnen und Trachten nur darin ausgehe, wohlfeil zu kaufen und teurer zu verkaufen, die nie über den Staat wirklich nachgedacht haben.[4]

---

[1] Vgl. Aristophanes Wolken 101 und Xenophon Mem. I, 2, 48 und dazu Walter, Gesch. d. Ästhetik im Altertum S. 140 und Römer, Zur Kritik und Exegese der Wolken des Aristophanes. Sitzungsber. der Münch. Akad. 1896, S. 229 f.

[2] Bei Xenophon bezeichnet Sokrates die, welche keine begriffsmäßige Kenntnis von den wichtigsten Interessen des menschlichen Daseins haben, als Unfreie ἀνδραποδώδεις. Mem. I, 1, 16, vgl. IV, 2, 22 und Symposion 215 ff.

[3] ἐὰν δοκῶσί τι εἶναι μηδὲν ὄντες, sagt er in der Apologie von seinen Söhnen zu den Richtern, ὀνειδίζετε αὐτοῖς ὥσπερ ἐγὼ ὑμῖν. 42 e. Gegenüber der Minderheit der φρονιμώτατοι καὶ ἰσχυρότατοι erscheinen die „Vielen" als die ἀφρονέστατοι καὶ ἀσθενέστατοι. Xenophon Mem. III, 7, 5 Vgl. Goethes Ausspruch: Zuschlagen kann die Masse,

da ist sie respektabel,

Urteilen gelingt ihr miserabel.

[4] Ebd. § 7. ἐν τοῖς μηδεπώποτε φροντίσασι τῶν πολιτικῶν. Wie wenig seine modernen Beurteiler hier Sokrates gerecht zu werden vermögen,

Eine unverhüllte Absage an die unmittelbare Volksherrschaft, wie sie sich in dem „reinen" Volksstaat entwickelt hatte! Für die ultrademokratische Doktrin war ja gerade diese souveräne Masse der kompetenteste Richter über alles, die letzte Instanz und das oberste Tribunal in den entscheidensten Fragen des politischen und sozialen Lebens. Was Perikles in der Leichen= rede verkündet hatte, für sie war es ein unumstößlicher Glaubens= satz, daß in einem demokratischen Gemeinwesen wie Athen, auch die Masse derer, welche im wirtschaftlichen Arbeitsleben standen, über eine nicht geringe Einsicht in politischen Dingen verfügte.[1]) Und nun sollte sich dieser Anspruch als eine Illusion erweisen, die gepriesene Einsicht des souveränen Volkes als trügerisches Scheinwissen! Hatte Sokrates recht, bedeutete die einseitige Pflege des Wirtschaftlichen eine Berengung des geistigen Gesichtskreises, so trat es mit erschreckender Klarheit zu Tage, daß die reine Demokratie kulturpolitisch ein gewaltiger Rück= schritt war, indem sie in einer Zeit, in der der hellenische Geist sich zu einem Höhepunkt vernunftgemäßer Erkenntnis empor= arbeitete und alle charakteristischen Eigenschaften der Vollkultur in sich zur Darstellung brachte, durch die ochlokratische Ent= artung des demokratischen Gedankens gerade den rückständigen, geistig minderwertigen Bevölkerungsschichten, die gleichsam noch mit einem Fuße auf der Stufe der Halbkultur standen, zu einem Übermaß politischer Macht verhalf.

Was Goethe einmal im Hinblick auf die demokratische Gleich= macherei unseres Jahrhunderts von den fürchterlichen Zeichen einer Zeit gesagt hat, die nur dann „die Befriedigung ver= worrener Wünsche zu finden" glaubt, „wenn nichts mehr zu

---

zeigt recht drastisch die Bemerkung Köchlys über den Sohn des Anytos (S. 357), „derselbe sollte in die Fußstapfen des Vaters und Großvaters treten, ein tüchtiger Gerber und Lederfabrikant und damit zugleich schlecht und recht ein ordentlicher Staatsmann werden". Gerber und damit zugleich Staatsmann! Und diese Weisheit ereifert sich über die „politische Borniertheit" eines Sokrates und Plato!

[1]) Vgl. auch Aristoteles Politik VI, 3, 15, 1291 b. ἀντιποιοῦνται τε καὶ τῆς ἀρετῆς πάντες καὶ τὰς πλείστας ἀρχὰς ἄρχειν οἴονται δύνασθαι.

unterscheiden ist, wenn wir alle von Einem Strom vermischt
dahin gerissen im Ozean uns unvermerkt verlören", — das ist
damals bereits von der Sokratik dem vulgären Massenliberalismus
entgegengehalten worden. „Wenn man — sagt Antisthenes —
nicht mehr unterscheiden kann zwischen dem Tüchtigen, d. h. dem
zu vernunftgemäßem Denken Erzogenen, und dem Niederen, d. h.
solchem Denken Unzugänglichen, so ist der Staat dem Verfall
und dem Untergang geweiht. [1]

Wenn einem anderen Schüler des Sokrates einmal das
Wort in den Mund gelegt wird, die Demokratie sei für alle
Verständigen eine offenkundige Thorheit, [2] so wird man dies ja
nicht ohne weiteres auf den Meister beziehen können. Daß er aber
die radikale Form der Demokratie, wie sie in Athen zu Recht
bestand, für eine Thorheit hielt, das kann nicht bezweifelt werden.
Die in Übereinstimmung mit dem Gesetz regierende und zugleich
durch die freiwillige Hingebung der Regierten an die Persönlichkeit des Herrschers legitimierte Monarchie, sowie die echte Aristokratie, welche Regierung und Verwaltung in die Hände derjenigen legt, welche die vom Gesetz geforderte Gewähr persönlicher
Tüchtigkeit geben, sie werden einmal von dem zenophontischen
Sokrates, der in diesem Fall gewiß der echte ist, mit unverkenn-
barer Sympathie in Gegensatz gestellt zu der Plutokratie, in
der ein unpersönliches Moment, das Geld, zu Amt und Macht
führt, und zu der Demokratie, welche die Ämter ohne Unterschied
aus allen besetzt. [3] Ein System, welches er von seinem kulturpolitischen Standpunkt aus grundsätzlich verwarf. Denn wenn
im reinen Volksstaat, — wie Euripides einmal den Heros der
Demokratie, Theseus, emphatisch verkünden läßt, — „das Volk
der Reihe nach sich selbst regiert in jährlichem Beamtenwechsel",
so kann Sokrates diese schablonenmäßige Gleichmacherei um so
weniger gebilligt haben, je entschiedener er stets die Natur-

---

[1] τὰς πόλεις (ἔφη) ἀπόλλυσθαι, ὅταν μὴ δύνωνται τοὺς φαύλους
ἀπὸ τῶν σπουδαίων διακρίνειν. Diog. Laert. VI, 5.

[2] Alkibiades bei Thukydides VI, 89: δημοκρατίαν γε ἐγιγνώσκομεν
οἱ φρονοῦντές τι ὁμολογουμένην ἄνοιαν.

[3] Mem. IV, 6, 12.

thatſache der Ungleichheit der Menſchen betont hat.[1]) „Herrſcher
und Obrigkeiten — meint er — ſind in Wahrheit nicht die, welche
den Scepter führen, noch die, welche es durch die Wahl einer beliebigen Volksmaſſe oder durch Ausloſung geworden ſind, ſondern
nur diejenigen, welche auch wirklich zu regieren verſtehen.“[2])
Denn Regieren iſt ihm eine Wiſſenſchaft, und eine ſehr ſchwierige!
Wie viele aber ſind im höchſten Sinne dazu befähigt? Einer
oder zwei, — läßt ihn Plato in richtiger Konſequenz ſeines
Standpunktes antworten, — oder doch nur ſehr wenige.[3])
Jedenfalls könne wohl niemals eine Volksmenge, ihre Zuſammen-
ſetzung ſei, welche ſie wolle, Träger eines ſolchen Wiſſens und
dadurch befähigt ſein, einen Staat vernunftgemäß zu beherrſchen.[4])
Welch eine Thorheit vollends, die Beſetzung der Staatsämter
dem Zufall des Bohnenloſes zu überlaſſen, während es doch
niemandem einfalle, einen durchs Bohnenlos Gewählten zum
Steuermann, Baumeiſter oder Flötenſpieler zu machen![5] Eine

. [1]) Ebd. III, 9, 3. ὁρῶ δ᾽ ἔγωγε καὶ ἐπὶ τῶν ἄλλων πάντων ὁμοίως
καὶ φύσει διαφέροντας ἀλλήλων τοὺς ἀνθρώπους.

[2]) Ebd. III, 9, 10. βασιλεῖς δὲ καὶ ἄρχοντας οὐ τοὺς τὰ σκῆπτρα
ἔχοντας ἔφη εἶναι οὐδὲ τοὺς ὑπὸ τῶν τυχόντων αἱρεθέντας οὐδὲ τοὺς
κλήρῳ λαχόντας ... ἀλλὰ τοὺς ἐπισταμένους ἄρχειν.

[3]) Dieſe Äußerung legt Plato im Politikos dem Sokrates in den
Mund (293 a) ἑπόμενον δὲ οἶμαι τούτῳ τὴν μὲν ὀρθὴν ἀρχὴν περὶ ἕνα
τινὰ καὶ δύο καὶ παντάπασιν ὀλίγους δεῖν ζητεῖν, ὅταν ὀρθὴ γίγνηται.
Das iſt ſo konſequent im Sinne echt ſokratiſcher Anſchauungsweiſe gedacht, daß man es unbedenklich zur Charakteriſierung derſelben verwenden
darf. — Mit Recht betont von Kaerſt, Studien zur Entwicklung und theo-
retiſchen Begründung der Monarchie im Altertum S. 21.

[4]) Auch dies iſt allerdings zunächſt eine Äußerung Platos, aber mit
Kaerſt ebenfalls als echt ſokratiſch zu bezeichnen. ὡς οὐκ ἄν ποτε πλῆθος
οὐδ᾽ ὁντινανοῦν τὴν τοιαύτην λαβὸν ἐπιστήμην οἷόν τ᾽ ἄν γένοιτο μετὰ
νοῦ διοικεῖν πόλιν. Kaerſt verweiſt (a. a. O.) auch auf die ganz analoge
kyniſche Auffaſſung, wie ſie Dio Chryſoſtomos III, 45 ff. wiedergibt.

[5]) Memor. I, 2, 9 ... λέγων ὡς μωρὸν εἴη τοὺς μὲν τῆς πόλεως
ἄρχοντας ἀπὸ κυάμου καθιστάναι. Dieſe Äußerung wird bei Xenophon
dem Sokrates allerdings nur von dem Ankläger in den Mund gelegt.
Allein, da Xenophon die Richtigkeit derſelben in keiner Weiſe beſtreitet,
ſo iſt ſie gewiß authentiſch, um ſo mehr, als auch ſie die notwendige
logiſche Konſequenz des allgemeinen ſokratiſchen Standpunktes iſt.

Kritik, die sich sehr wohl die sarkastische Bemerkung eines Sokratesschülers hätte aneignen können, die Athener möchten doch durch Volksbeschluß die Esel zu Pferden machen![1) — So ist die Demokratie das Tummelfeld des Dilettantismus,[2)] der keiner sachmäßigen Vorbildung zu bedürfen glaubt und durch seine Unfähigkeit den Staat auf das schwerste schädigt, auf Geist und Gesinnung der Bürgerschaft geradezu korrumpierend einwirkt.[3)]

Daß diese sokratische Anschauungsweise der reinen Volks= herrschaft den Boden unter den Füßen wegzog, ist klar. Sie bedeutete die Emancipation der Amtsgewalt von dem Belieben des souveränen Demos, der in derselben lediglich ein Organ der Instinkte und Interessen der Mehrheit sah. Sie wollte die Amtsgewalt unter eine von Willkür freie Ordnung gestellt wissen, welche die wirklich Sachverständigen zur Leitung des Staates beruft, einen unabhängigen, wissenschaftlich gebildeten Beamtenstand an Stelle der wechselnden Funktionäre des sogen. Volkswillens setzt.[4)] Und er muß — ebenso wie Plato — an die Möglichkeit einer solchen Wendung geglaubt haben.[5)] Wie hätte er sonst bei seiner Ansicht von dem Verhältnis überzeugungstreuer Staatsmänner zur Massenherrschaft gerade

---

[1)] Antisthenes bei Diog. Laert. VI, 1, 8. τοὺς ὄνους ἵππους ψηφίσασ- θαι, mit der ganz sokratischen Motivierung: ἀλλὰ μὴν καὶ στρατηγοὶ φαίνονται παρ' ὑμῖν μηδὲν μαθόντες, μόνον δὲ χειροτονηθέντες.

[2)] des αὐτοσχεδιάζειν s. Mem. III, 5, 21.;

[3)] „Die mangelnde Zucht und Ordnung im Kriege motiviert Sokrates a. a. O. mit den Worten: ἴσως γὰρ ἐν τούτοις οἱ ἥκιστα ἐπιστάμενοι ἄρχουσιν αὐτῶν.

[4)] Grote (VIII, 268) meint, das Staatsideal des Sokrates hätte etwa dem entsprochen, welches Xenophon in der Kyrupädie vorschwebte. Ich lasse dies dahingestellt, da uns jeder nähere Anhaltspunkt für das positive politische Programm des Sokrates fehlt. Und ein solches wird doch wohl der Mann gehabt haben, der Fragen behandelte wie folgende: τί δίκαιον, τί ἄδικον . . . τί πόλις, τί πολιτικός· τί ἀρχὴ ἀνθρώπων, τί ἀρχικὸς ἀνθρώπων κτλ. Mem. I, 1, 16.

[5)] Einen Fingerzeig in dieser Hinsicht bietet vielleicht der Hinweis auf den Nutzen des möglichst engen Zusammenschlusses der guten und tüchtigen Elemente in der Politik. Mem. II, 6, 26.

auf die Heranbildung solcher Staatsmänner bedacht sein können?[1])

Aber die Konsequenzen der sokratischen Kritik reichen noch weiter! Sie bedeuten zugleich die theoretische Vernichtung der obersten gesetzgebenden und richterlichen Autorität des Demos. Wer es mit dem Primat der Intelligenz im sokratischen Sinne ernst meinte, wer so gründlich mit dem Glauben an die Majestät des Volkes und die Unfehlbarkeit des allgemeinen gleichen Stimmrechtes gebrochen hatte, für den konnte die gesetzgeberische Thätigkeit des Demos nichts anderes sein als Vergewaltigung der Intelligenz durch die plumpe Masse der unwissenden Mehrheit, die Volksjustiz nichts anderes als die Herrschaft der Unkenntnis da, wo die Erkenntnis herrschen sollte. Es ist daher gewiß nicht unzutreffend, wenn von Sokrates berichtet wird, die Demokratie von Athen habe ihn wie eine Tyrannis angemutet.[2]) Und wie bezeichnend sind die Verse, die er im Kerker gedichtet hat:

„Einstmals sagte Äsopos den Bürgern des hohen Korinthos:
Nicht volksrichtendem Witz gebet die Tugend anheim![3])

---

[1]) Mit Recht bemerkt Rehm (Gesch. d. Staatsrechtswissenschaft S. 30) daß Sokrates nicht Gegner der demokratischen Staatsform überhaupt (der Demokratie als Verfassungsform) gewesen zu sein braucht. Er hätte sich vielleicht begnügt, wenn durch eine Beschränkung der Volkswahl die Besetzung der Ämter aus den Tüchtigsten ermöglicht und „die volle unmittelbare Ausübung der Regierungsgewalt durch das Volk, die unmittelbare Demokratie, die Demokratie als Regierungsform" beseitigt worden wäre.

[2]) Aelian Var. hist. III, 17: Σωκράτης τῇ μὲν Ἀθηναίων πολιτείᾳ οὐκ ἠρέσκετο, τυραννικὴν γὰρ καὶ μοναρχικὴν ἑώρα τὴν δημοκρατίαν οὖσαν. Über die Berechtigung dieser Anschauung s. mein Buch: Aus Altertum und Gegenwart. S. 273 f.

[3]) Diog. Laert. II, 5, 42.
Αἴσωπός ποτ' ἔλεξε Κορίνθιον ἄστυ νέμουσι·
μὴ κρίνειν ἀρετὴν λαοδίκῳ σοφίῃ.

Echt sokratisch ist gewiß die Äußerung über die Geschworenen bei Plato Euthyphron 4a: ἀγνοεῖται ὑπὸ τῶν πολλῶν ὅπῃ ποτὲ ὀρθῶς ἔχει. οὐ γὰρ οἶμαί γε τοῦ ἐπιτυχόντος ὀρθῶς αὐτὸ πρᾶξαι ἀλλὰ πόρρω που ἤδη σοφίας ἐλαύνοντος.

So ward hier dem Triumphzug der Gewöhnlichkeit, der Herrschaft der Mittelmäßigkeit im Volksstaat ein energisches Halt entgegengerufen! —

Es leuchtet ein, daß diese geistige Reaktion gegen die Gewaltherrschaft der „Vielen", die sich nicht auf Hörsäle und vornehme Zirkel beschränkte, sondern vor der breiten Öffentlichkeit vollzog, eine lebhafte Gegenwirkung erzeugte. Und welcher Art dieselbe war, läßt sich leicht denken! Gegen die geistigen Waffen, mit denen Sokrates das extrem=demokratische Dogma in seinen Grundfesten erschütterte, ließ sich nicht aufkommen. Im geistigen Kampf mit seiner unerbittlichen Logik wäre der vulgären Anschauungsweise nichts übrig geblieben als das Eingeständnis der Ohnmacht. So griff sie zu dem Mittel, dessen sich die Gläubigkeit jeder Art gegen die höhere Intelligenz zu allen Zeiten bedient hat, wenn sie ihre Illusionen, Ansprüche und Interessen zu gefährden drohte: sie verketzerte, verhöhnte und verdächtigte die Intelligenz, in deren Namen der Gegner kämpfte.[1]) Typisch in dieser Hinsicht und zugleich vorbildlich für das Schicksal, welches Sokrates bevorstand, ist die Diskussion, welche in einem Drama des Euripides über das große Zeitproblem geführt wird.

Hier verkündet ein thebanischer Herold u. a. auch die Lehre, die wir bereits als sokratisch kennen. Er wirft — ganz in sokratischem Geist — die Frage auf:

„Wie kann das Volk nur, ist es nicht
im Denken Meister, Meister sein des Staates recht?
Es gibt die Zeit, und nicht die Eile über Nacht
die beßre Einsicht. Doch ein armer Bauersmann,
gesetzt er sei nicht kenntnislos, wie kann den Blick
er bei der Arbeit richten auf des Staates Wohl?
Welch böses Unheil vollends, daß der schlechte Mann
dem beßern gleich an Ehr' und Achtung ist
und lenkt das Volk durch Reden der sonst nichtig war!"[2])

---

[1]) Vgl. oben S. 63 f. über die instinktive Abneigung der Demokratie gegen die höhere Bildung.

[2]) οὐδὲν ὢν τὸ πρίν. — Ἱκέτιδες v. 425.

Man beachte, was der Sprecher der Demokratie erwidert!
Er beginnt echt volkstümlich mit Schimpfworten, indem er den
Gegner ohne weiteres Sophist und Zungendrescher schilt. [1])
Die eigentliche Frage aber, den Hinweis auf die Unterdrückung
der Intelligenz durch die Herrschaft der Mittelmäßigkeit, umgeht
er vollständig und setzt den Gründen des Gegners einfach Ver-
dächtigungen gegenüber, indem er dem von jenem geltend ge-
machten Staats- und Kulturinteresse ein ganz anderes, rein
persönliches, substituiert, nämlich das egoistische Interesse eines
volksfeindlichen Absolutismus und das Interesse des Reichen,
der den Armen, des Starken, der den Schwachen unterdrücken
will! So wird es ihm ein Leichtes, die gegnerische Ansicht ins
Unrecht zu setzen und alle weiteren Einwände des „Schwätzers" [2])
mit einer Drohung niederzuschlagen.

„Schlimm sollt' es Dir bekommen, hätt' Dich nicht die Stadt gesandt,
Dein unnütz Reden". [3])

Und der Chor fällt ein mit einem Weheruf über den
Übermut der „Schlechten".

Wenn Sokrates damals, als diese Worte auf der Bühne
des athenischen Theaters gesprochen wurden, unter den Zu-
schauern saß, so hatte er hier unbewußt sein eigenes Verdammungsurteil mitangehört. Denn diese Scene ist gewissermaßen
das Vorspiel zu dem Prozeß des Jahres 399. [3])

Sind doch schon um die nämliche Zeit auf derselben Bühne
gegen Sokrates selbst genau dieselben Töne angeschlagen worden,
nur daß sich hier in der Komödie — ganz im Sinne der

---

[1]) κομψός γ' ὁ κῆρυξ καὶ παρεργάτης λόγων. 427. Einseitig ist ja
allerdings auch die Argumentation des Herold.

[2]) 463

[3]) 459 f.

　　κλάων δ'ἂν ἦλθες εἴ σε μὴ ἔπεμψε πόλις.
　　περισσὰ φωνῶν.

[3]) Es erscheint in diesem Zusammenhang nicht ohne Interesse, daß
der Sophist Polykrates in seinem Pamphlet gegen Sokrates eine Paral-
lele zwischen dessen Verhalten und dem des großen Demokratenkönigs
Theseus gezogen hat. Vgl. die Apologie des Libanios, dem diese literarische
Anklage direkt oder indirekt vorlag, p. 53.

argwöhnischen Beschränktheit der Masse — mit der Herab-
würdigung und der perfiden Anschwärzerei des Vertreters der
höheren Bildung die Verhöhnung dieser Bildung selbst verbindet.[1])
Die Leute von der „Denkanstalt der weisen Geister“,[2]) die
„Feinen und Guten“ [3]), werden von Aristophanes in den „Wolken“
bezeichnet als griesgrämige Grübler und Faselhänse, als
Schufte und Rechtsverdreher[4]), als faule Müßiggänger[5]), als
Gottesleugner.[6]) Ihre gerühmte Intelligenz, ihre dialektische Kraft,
ihre Ideen sind blauer Dunst, dem Wolkenreich entstammt,[7]) ihre
erhabenen Reden, — wie es in einem anderen Stücke heißt, — nur
für verdrehte Käutze.[8]) Der Meister selbst ist ein „Priester spitz-
findigsten Schwatzes“[9]), ein Ideolog[10]), der seines Gleichen nur an
einem Prodikos hat (demselben, dem man in Athen wegen „Gott-
losigkeit“ die Schriften verbrannt! Welch bedeutsame Zusammenstellung!), ein frecher Religionsspötter, für den nur die Wahngebilde
seines Hirns Wahrheit, die Götter aber leere Possen und Altweiber-

---

[1]) Nicht bloß von Aristophanes ist dies Thema angeschlagen worden.
In der eben damals aufgeführten Komödie des Amoipsias, die nach Kon-
nos, dem Musiklehrer des Sokrates, genannt war, bestand der Chor aus
„Denkern“ oder „Grüblern“.

[2]) Wolken 94: $\psi v \chi \tilde{\omega} v \ \sigma o \varphi \tilde{\omega} v \ \tau o \tilde{v} \tau' \ \dot{\epsilon} \sigma \tau \grave{\iota} \ \varphi \rho o \nu \tau \iota \sigma \tau \acute{\eta} \rho \iota o v.$

[3]) 101. $\varkappa a \lambda o \grave{\iota} \ \varkappa \grave{a} \gamma a \vartheta o \acute{\iota}!$ S. oben S. 79.

[4]) 98 ff.

[5]) 315:

$O \dot{v} \rho \acute{a} \nu \iota a \iota \ \nu \epsilon \varphi \acute{\epsilon} \lambda a \iota, \ \mu \epsilon \gamma \acute{a} \lambda a \iota \ \vartheta \epsilon a \grave{\iota} \ \dot{a} \nu \delta \rho \acute{a} \sigma \iota v \ \dot{a} \rho \gamma o \tilde{\iota} \varsigma$
$a \tilde{\iota} \pi \epsilon \rho \ \gamma \nu \acute{\omega} \mu \eta \nu \ \varkappa a \grave{\iota} \ \delta \iota \acute{a} \lambda \epsilon \xi \iota v \ \varkappa a \grave{\iota} \ \nu o \tilde{v} \nu \ \dot{\eta} \mu \tilde{\iota} v \ \pi a \rho \acute{\epsilon} \chi o v \sigma \iota v.$

[6]) 247. $\pi \rho \tilde{\omega} \tau o v \ \gamma \grave{a} \rho \ \vartheta \epsilon o \grave{\iota} \ \dot{\eta} \mu \tilde{\iota} v \ \nu \acute{o} \mu \iota \sigma \mu' \ o \dot{v} \varkappa \ \check{\epsilon} \sigma \tau \iota v.$

[7]) S. oben Anmerk. 5.

[8]) Frösche 1496. $\sigma \epsilon \mu \nu o \grave{\iota} \ \lambda \acute{o} \gamma o \iota \ \pi a \rho a \varphi \rho o \nu o \tilde{v} \nu \tau o \varsigma \ \dot{a} \nu \delta \rho \acute{o} \varsigma.$

[9]) 358: $\lambda \epsilon \pi \tau o \tau \acute{a} \tau \omega v \ \lambda \acute{\eta} \rho \omega v \ \dot{\iota} \epsilon \rho \epsilon \acute{v} \varsigma.$

[10]) 359: $\mu \epsilon \tau \epsilon \omega \rho o \sigma o \varphi \iota \sigma \tau \acute{\eta} \varsigma.$ In der Denkanstalt lernt man $\lambda \acute{o} \gamma \omega v$
$\dot{a} \varkappa \rho \iota \beta \tilde{\omega} v \ \sigma \varkappa \iota v \delta a \lambda \acute{a} \mu o v \varsigma.$ 130. Vgl. auch Frösche 1491 ff.:

Schande, wer bei Sokrates
sitzen mag und schwatzen mag.
In gespreizten leeren Phrasen,
Düfteleien Quäckeleien
faulgeschäftig sich zu üben
ist für hohle Köpfe nur.

thorheiten sind[1]), und der sich diese seine Weisheit noch mit teurem Geld bezahlen läßt!

Er und seine Leute lachen über dergleichen. Sind sie doch die Gebildeten, die Männer der „Wissenschaft"![2]) Und „wie süß ist es, neuer Kunst 'und Wissenschaft sich weihen, bestehendem Recht und Vorurteil freidenkend sich entreißen"![3]) Was ist für sie auch das alte Recht? Die es aufgebracht, waren Menschen, wie wir. Sie mußten mit Gründen es empfehlen.[4]) Warum soll es jetzt den besseren Gründen der „neuen Bildung"[5]) nicht weichen! Muß doch als das Beste das gelten, was dem gebildeten Mann so dünkt.[6]) Wer jetzt nicht auch so gebildet zu werden sich bemüht,[7]) wie sie, der bleibt zeitlebens ein Dummkopf und altmodischer Kauz[8]), ein unwissender[9]) und roher Tölpel.[10]) In die Denkanstalt des Sokrates muß man gehen. Da lernt man alle Weisheit der Welt, da erkennt man sich selbst und sieht, wie ungelehrt und stumpfsinnig man ist.[11])

Kein Wunder, daß des Mannes der Hochmutsteufel sich bemächtigt. Seine Freundinnen, die Wolken, freuen sich, daß er stolz auf sie den Kopf so hochträgt, wenn „er die Straßen

---

[1]) 364 .... τἆλλα δὲ πάντ᾽ ἐστι φλύαρος. — 367 .... οὐδ᾽ ἔστι Ζεύς. Vgl. 397.

[2]) 1241. καὶ Ζεὺς γέλοιος ὀμνύμενος τοῖς εἰδόσιν.

[3]) 1398. ὡς ἡδὺ καινοῖς πράγμασιν καὶ δεξιοῖς ὁμιλεῖν καὶ τῶν καθεστώτων νόμων ὑπερφρονεῖν δύνασθαι.

[4]) 420. οὔκουν ἀνὴρ ὁ τὸν νόμον θεὶς τοῦτον ἦν τὸ πρῶτον, ὥσπερ σὺ κἀγώ, καὶ λέγων ἔπειθε τοὺς παλαιούς; (Ehrfurcht gegen die Eltern).

[5]) καινὴ παίδευσις! 938.

[6]) 418. καὶ βέλτιστον τοῦτο νομίζεις ὅπερ εἰκὸς δεξιὸν ἄνδρα.

[7]) 428. ζητῶν δεξιὸς εἶναι.

[8]) 398. ὦ μῶρε σὺ καὶ Κρονίων ὄζων καὶ βεκκεσέληνε.

[9]) 136. ἀμαθής. Vgl. ebenda auch den Hohn, mit dem es der Philosophenschüler dem Alten verweist, daß er so „unmethodisch" (ἀπεριμερίμνως) an die Thüre der Denkerei gepocht und den Gedankenprozeß des Meisters gestört.

[10]) 421. ἄνθρωπος ἀμαθὴς οὑτοσὶ καὶ βάρβαρος.

[11]) 841 f. (μάθοις ἄν) ὅσαπερ ἔστ᾽ ἐν ἀνθρώποις σοφά γνώσει δὲ σαυτὸν ὡς ἀμαθὴς εἶ καὶ παχύς.

einherstolziert und prüfend die Augen umherwirft."[1]) Die
Schüler staunen ihn an, auch wenn er das Absurdeste vorbringt;
der Laie hat es „als Mysterium zu achten."[2])

Man sieht: Um auf die große Menge des Theaterpubli=
kums zu wirken, ruft der leichtfertige Poet gegen das Opfer
seiner Laune die gefährlichsten Instinkte wach, die in der Masse
leben: den Widerwillen und den Argwohn der Ignoranz
gegen die Überlegenheit der höheren Bildung, den Haß alt=
gläubiger Beschränktheit, die Lust an Verhöhnung und Ver=
ketzerung.[3]) Und nicht bloß dies! Auch der Geist der Gewalt=
samkeit, der überall die Masse beseelt, findet in dem Stück
seine Rechnung. Es bleibt nicht blos dabei, daß es der Sprecher
der Gerechtigkeit[4]) für eine Thorheit erklärt, daß man dem
Umsichgreifen der „neuen Ideen" so ruhig zusieht. Es wird
auch ein sehr drastisches Rezept gegeben, wie man mit den
Neuerern in kürzester Frist aufräumen könne!

Der unglückliche Alte, dem die Afterweisheit des Lehrers
durch sein eigenes Fleisch und Blut so bös mitgespielt, meint
einmal, es bleibe dem Sohn, wenn er die letzte Konsequenz
seiner Theorien gezogen, eigentlich nichts weiter übrig, als sich
mit samt seinem Sokrates und seinen Sophistereien in die
Felsenschlucht zu stürzen, die dem Staate als Hinrichtungsstätte
für todeswürdige Verbrecher diente![5]) Und zuletzt fordert er den

---

[1]) 362. ὅτι βρενθύει τ' ἐν ταῖσιν ὁδοῖς καὶ τὠφθαλμὼ παραβάλλεις
κἀνυπόδητος κακὰ πόλλ' ἀνέχει κἀφ' ἡμῖν σεμνοπροσωπεῖς.

[2]) S. die Äußerung des Schülers 143: νομίσαι δὲ ταῦτα χρὴ
μυστήρια.

[3]) Man hat sich darüber gewundert, daß Aristophanes seinen Angriff
nicht auch auf das politische Gebiet hinüberspielt. Es erklärt sich das
aber doch sehr einfach: Das demokratische Athen ist ja für den Dichter
die „verkehrte Welt", deren er für seine Kritik bedarf. Wie hätte er die
Kritik dieser verkehrten Welt von Seiten eines anderen zum Gegenstand
der Satire machen sollen?

[4]) Ich bemerke bei dieser Gelegenheit, daß ich mit dem neuesten
Herausgeber Van Leeuwen die Identität der uns erhaltenen „Wolken"
mit dem im Jahre 423 aufgeführten Stücke annehme.

[5]) 1448.

Sohn direkt auf, dem „verfluchten, gotteserbärmlichen Schurken", dem Sokrates, und seinem Helfershelfer zu Leibe zu gehen.[1] Sie sollen ihre Schändlichkeiten mit dem Leben büßen. Auch die Exekution selbst bleibt dem Zuschauer nicht erspart.[2] Das „Haus der Schwätzer", die Denkanstalt, wird von dem Knecht des rasenden Alten mit der Axt zusammengeschlagen und dann von diesem in Brand gesteckt. Auf Sokrates und die Seinen aber, die jammernd und halberstickt aus dem zusammenstürzenden Hause flüchten, eröffnet der Chor[3] die Hetze mit dem wütenden Schlachtruf:

Verfolg sie! schlag sie! Sie verdienen's tausendfach!
Vor allem unsern Göttern thaten sie Schimpf und Schmach![4]
So endet das Stück in Feuer und in Blut!

Wie hier um der Massenwirkung willen an die rohen Instinkte und die blöden Vorurteile des großen Haufens appelliert wird, so sehen wir die zahlreichen Gegner, die sich Sokrates durch seinen Freimut und die rücksichtslose Befehdung alles Scheinwissens in den verschiedensten Kreisen der Bevölkerung zuzog,[5] vielfach darauf ausgehen, die Masse gegen ihn zu erregen.[6] Schon vor dem Prozeß

---

[1] 1465. τὸν Χαιρεφῶντα τὸν μιαρὸν καὶ Σωκράτην·
ἀπολεῖς μετελθών, οἳ σὲ κἄμ' ἐξαπάτων
Vgl. 104. κακοδαίμων Σωκράτης καὶ Χαιρεφῶν.

[2] Vgl. auch eine ähnliche Exekution in den „Vögeln" (992 ff), wo der Mathematiker und Astronom Meton als Tagdieb verhöhnt und hinausgeprügelt wird, dieweil die Stadt „einmütig beschlossen, alle Art von Schwindlern abzuthun".

[3] Ich weise die Worte mit Bergk dem Chor zu.

[4] 1508 f.

[5] Plato Apol. 23. Was in der Seele eines derartig Gedemütigten vorging und wie sich diese Verstimmung bis zu dem Wunsche steigern konnte, den Unwiderstehlichen „nicht mehr unter den Lebenden zu sehen" (πολλάκις ... ἡδέως ἂν ἴδοιμι αὐτὸν μὴ ὄντα ἐν ἀνθρώποις) hat Plato im Symposion 216 meisterhaft geschildert. Das Gefühl persönlicher Kränkung, welches Sokrates in den Einzelnen wachrief, wurzelte eben auch in Masseninstinkten.

[6] Man beachte, was Sokrates in der Apologie 18b sagt: ἐμοῦ γὰρ πολλοὶ κατήγοροι γεγόνασι πρὸς ὑμᾶς καὶ πάλαι πολλὰ ἤδη ἔτη ... οἳ ὑμῶν τοὺς πολλοὺς ἐκ παίδων παραλαμβάνοντες ἐπειθόν τε καὶ κατηγόρουν ἐμοῦ οὐδὲν ἀληθές.

ist uns dies von einem bekannten athenischen Staatsmann, von Kritias, bezeugt, der die Revision der Gesetze im Jahre 404 zu einer Beschränkung der Lehrfreiheit benutzte,[1]) um seinem Haß gegen Sokrates Luft zu machen. Da er Sokrates auf andere Weise nicht beikommen konnte, so führte er diesen Schlag gegen ihn, indem er, — wie Xenophon sich ausdrückt, — „die von der Menge gewöhnlich gegen die „Philosophen" erhobenen Beschuldigungen wider ihn geltend machte und ihn beim großen Haufen verleumdete.[2])

Dazu kam, daß der von Sokrates entfesselte Kampf der Meinungen durch die jüngere Generation seiner Anhänger, die sich mit dem ganzen Eifer der Jugend die Fortsetzung seines aufklärenden Wirkens angelegen sein ließ, in immer weitere Kreise, insbesondere in den Schoß der Familie, getragen wurde, wofür wir an dem von Xenophon mitgeteilten Gespräch zwischen Perikles und dem jugendlichen Alkibiades (über den Begriff des Gesetzes) ein drastisches Beispiel besitzen. Auch durch diese jugendlichen Vorkämpfer der Aufklärung fühlten sich sehr viele Leute verletzt, die — um mit der Apologie zu reden — „etwas zu wissen glaubten, aber wenig oder nichts wußten", und die nun ihrem Groll durch Verdächtigung des „verwünschten Jugendverderbers" Luft machten.[3]) — Allerdings hat die übermütige Jugend auch Mißbrauch mit der Dialektik getrieben. Plato z. B. spricht von „jungen Bürschchen", die sich freuen, mittels der Wechselrede wie junge Kläffer an dem, der in ihre Nähe kommt, zu zupfen und ihn herumzuziehen.[4]) Aber für diese und andere Auswüchse konnte doch eben nur Bosheit oder Beschränktheit den Meister verantwortlich machen! — Auch ein sozialer Gegensatz spielt hier mit herein. Die jungen Leute, die Sokrates

---

[1]) Die Xenophon, Mem. I, 2, 31, mit den Worten kennzeichnet: ἐν τοῖς νόμοις ἔγραφε λόγων τέχνην μὴ διδάσκειν.

[2]) Ebd. ἐπηρεάζων ἐκείνῳ καὶ οὐκ ἔχων ὅπη ἐπιλάβοιτο, ἀλλὰ τὸ κοινῇ τοῖς φιλοσόφοις ὑπὸ τῶν πολλῶν ἐπιτιμώμενον ἐπιφέρων αὐτῷ καὶ διαβάλλων πρὸς τοὺς πολλούς.

[3]) 23 d.

[4]) Staat 559 b.

„nachzogen, die seine Menschenprüfung gerne mitanhörten und oft es ihm darin nachzuthun suchten", gehörten meist den wohl= habenden Kreisen an, die zu dergleichen am meisten Muße hatten.[1]) Leute aus dem Volk, die zur Erheiterung dieser vor= nehmen Zuhörerschaft im ungleichen Kampf mit der sokratischen Dialektik erlegen waren, müssen die Demütigung besonders schwer empfunden haben.[2])

Wie sehr es die Verletzung vulgärer Empfindungen war, welche den Sturm gegen Sokrates entfesselte, hat schon Plato treffend hervorgehoben. Immer wieder betont er die Masse der Gegner, ihre gekränkte Eitelkeit und die Leidenschaftlichkeit der Anklagen, „mit denen sie seit langem die Ohren der Bürger erfüllten".[3]) Und diese Hetze mußte um so erfolgreicher sein, als ja nicht nur das Wirken des unbequemen Mannes, sondern seine ganze Persönlichkeit wie dazu geschaffen war, den Wider= willen der großen Masse herauszufordern. Bezeichnend ist für Sokrates bekanntlich das Einzigartige seiner ganzen Erscheinung, das Plato einmal als äußerste Sonderbarkeit ($\dot{\alpha}\tauo\pi i\alpha$) charakterisiert.[4]) Plato meint, es lasse sich in Vergangenheit und Gegenwart nichts finden, was nur einigermaßen der Originalität nahekomme, die der Mann und seine Rede zeige![5])

Konnte sich der Spottlust, der niedrigen und hämischen Verkleinerungssucht der „Vielen" ein geeigneterer Gegenstand darbieten? Die vom Gleichheitsschwindel erfaßte Masse sieht nun einmal in einer Besonderheit, die von den Gewohnheiten, dem Thun und Denken der Vielen demonstrativ abweicht, sehr leicht etwas Anmaßendes. Sie empfindet die Existenz einer solchen Persönlichkeit wie einen steten Vorwurf gegen sich selbst, wie ein Vergehen an der Majestät der Gesamtheit. Mit dem

---

[1]) Apologie 23 c. $o\hat{i}s$ $\mu\acute{\alpha}\lambda\iota\sigma\tau\alpha$ $\sigma\chi o\lambda\acute{\eta}$ $\dot{\varepsilon}\sigma\tau\iota\nu$, $o\hat{i}$ $\tau\hat{\omega}\nu$ $\pi\lambda o\upsilon\sigma\iota\omega\tau\acute{\alpha}\tau\omega\nu$.

[2]) Gerade den Reichen wird der Umgang mit Sokrates übel= genommen. S. Xenophon, Symposion 4, 32. ... $\Sigma\omega\kappa\rho\acute{\alpha}\tau\varepsilon\iota$ $\ddot{o}\tau\varepsilon$ $\mu\grave{\varepsilon}\nu$ $\pi\lambda o\acute{\upsilon}\sigma\iota os$ $\ddot{\eta}\nu$ $\dot{\varepsilon}\lambda o\iota\delta\acute{o}\rho o\upsilon\nu$ $\mu\varepsilon$ $\ddot{o}\tau\iota$ $\sigma\upsilon\nu\tilde{\eta}\nu$ $\kappa\tau\lambda$.

[3]) Apol. 23.

[4]) $\sigma\upsilon\mu\pi\acute{o}\sigma\iota o\nu$ 221 c. 215 a.

[5]) 221 d.

Prinzip der Freiheit, welches den anderen auch darin gewähren lassen sollte, gerät hier der Gleichheitsinstinkt in Konflikt, der es nicht ertragen kann, daß einer „etwas Besonderes haben“ will,[1]) zumal wenn er ein Mann aus dem Volke selbst ist.[2]) Über das Individuum, das diesem Vorwurf sich aussetzt, ist in den Augen der „Vielen“ nur zu leicht das Verdammungsurteil gesprochen. Und hier handelte es sich noch dazu nicht bloß um einen harmlosen Sonderling, den man als Grübler[3]) und Schwätzer bespöttelte, sondern um einen Mann, den man zugleich als den „hochweisen Herrn“,[4]) der sich über die „schmachvolle Unwissenheit“[5]) der anderen erhaben dünkt, gründlich haßte.[6])

Sokrates selbst gab sich darüber durchaus keiner Täuschung hin. Er sah „mit Schmerz und Besorgnis, daß er sich verhaßt mache“. „Der viele Haß, der bei Vielen mir erwuchs, — läßt ihn Plato sagen, — wird mein Unterliegen herbeiführen, wenn ich unterliegen sollte,[7]) nicht Meletos, noch Anytos, sondern die Verleumdung und die Mißgunst der Menge;[8]) etwas, dem viele andere und treffliche Männer unterlagen und noch unterliegen werden; denn ich werde nicht der letzte sein!“

---

[1]) πράττειν ἀλλοῖον ἢ οἱ πολλοί! Apol. 20d als Grund der üblen Nachrede angegeben. Vgl. 35a ... δεδογμένον γέ ἐστι τὸ Σωκράτη διαφέρειν τινὶ τῶν πολλῶν ἀνθρώπων.

[2]) Vgl. die Bemerkung der pseudoxenoph. 'Αθην. πολ. II,18 über die Verspottung der δημοτικοί und πένητες, „διὰ τὸ ζητεῖν πλέον τι ἔχειν τοῦ δήμου“. Zum demokratischen Jargon überhaupt f. Demosthenes v. d. Truggesandtschaft 295: οἱ μείζους τῶν πολλῶν οἰόμενοι δεῖν εἶναι.

[3]) φροντιστής, wie Sokrates — ganz im Sinne der Wolken (414. 456. 1039) — spottweise genannt wurde. S. Xen. Symp. 66: ἄρα σύ ὦ Σώκρατες, ὁ φροντιστὴς ἐπικαλούμενος.

[4]) σοφὸς ἀνήρ. Apol. 12, vgl. 23a.

[5]) ἀμαθία ἐπονείδιστος. Apol. 29b.

[6]) Vorbildlich ist hier, was die Epheser bei Vertreibung des Hermodor gesagt haben sollen: ἡμέων μηδὲ εἷς ὀνήιστος ἔστω. εἰ δὲ μή, ἄλλῃ τε καὶ μετ' ἄλλων. (Heraklit frgm. 114. Typisch nach Cicero, Tuscul. V, 105). Vgl. auch den populären Vorwurf gegen Thales (Diog. Laert. I, 25) μονήρη αὐτὸν γεγονέναι καὶ ἰδιαστήν.

[7]) Ebd. 21 e.

[8]) ἡ τῶν πολλῶν διαβολή τε καὶ φθόνος 28 a.

Nichts könnte das Verhältnis, in dem Sokrates zur großen Masse stand, besser veranschaulichen als die Worte, welche Euripides in der Medea seiner Heldin in den Mund legt, und die sich lesen, als wären sie unmittelbar auf Sokrates gemünzt.

Nicht jetzt zuerst, o Kreon, sondern öfters schon
hat mir die Meinung (des Volkes) Schaden und viel Weh gebracht.
Nie laß ein Mann, der bei Verstand und Sinnen ist,
den Seinen übergroße Bildung angedeihn!
Denn von dem Nichtsthun abgesehn, deß man sie zeiht,[1])
trifft sie der Städter Hassen und Verkleinerung.
Denn wenn du Thoren neue Weisheit predigst,
so wirst du unnütz scheinen und nicht, was du bist.
Doch denen vorgezogen, welche vieles auch
zu wissen meinen, bist du ein Ärgernis im Staat.
Ich selbst erfahre dieses Mißgeschick an mir.
Denn weil ich Weisheit habe, sehen diese scheel,
und schroff erschein' ich jenen und sehr weise nie.[2])

Unter diesen Umständen wird man sich allerdings weniger darüber verwundern, daß es zu einer öffentlichen Klage gegen Sokrates kam, als vielmehr darüber, daß dies so spät geschah. Und man wird sich mit Grote gerne daran erinnern, daß die Stätte seines Wirkens eben Athen war, die Stadt, in der die Freiheit der Rede als das heiligste Vorrecht des Bürgers galt, in der der Bürger von Jugend auf durch den freien Meinungs= kampf daran gewöhnt ward, auch das Recht der gegnerischen Überzeugung zu achten. Man wird auch hier mit Grote gerne der unsterblichen Leichenrede gedenken, und ihrer Verherrlichung

---

[1]) Vgl. den Vorwurf der διατριβὴ ἀργός, des geschäftigen Müßig= ganges, der bei Aristophanes (Frösche 1498) gegen Sokrates und Euri= pides erhoben wird. Dazu oben S. 87 und Wolken 315.

[2]) 294 ff. „Nichts — sagt Bagehot (a. a. O. 180) — ist für die Mehrzahl der Menschen unangenehmer als neue Ideen. Sie werfen, wie man zu sagen pflegt, alles über den Haufen. Man kommt auf den Gedanken, daß die liebsten Vorstellungen falsch sein könnten, der festeste Glaube unbe= gründet. Da ist es selbstverständlich daß der gemeine Mann die neue Idee haßt und geneigt ist, den Menschen, der eine solche hervorbringt, zu mißhandeln." Gemeint sind natürlich solche Ideen, die vulgären Inter= essen und Vorurteilen widersprechen.

jenes freien athenischen Geistes, der dem Nächsten nicht gram
ist, wenn er sich sein Dasein nach eigenem Wollen und Bedürfen gestaltet, der sich und anderen das Leben nicht verbittert
durch Scheelblicke und die Pein, welche die Unduldsamkeit
bereitet.[1])

Allein sollen wir deswegen mit Grote annehmen, daß es
ganz besondere, unbekannte Ursachen gewesen sein müssen, welche
die Katastrophe herbeiführten? War die „Liberalität der demokratischen Gesinnung" in Athen wirklich „so fest begründet",
haben seine „liberalmachenden Institutionen" der Unduldsamkeit,
diesem „natürlichen Unkraut im Busen des Menschen", wirklich
so erfolgreich entgegengearbeitet, daß für die Beurteilung des
Geschickes des Sokrates dieses Moment kaum mehr in Betracht
kommen kann?[2]) Der moderne Anwalt der athenischen Demokratie
sieht hier eben in seinem doktrinären Optimismus nur die eine
Seite an derselben. Er übersieht, daß auch die Demokratie zu
jeder Zeit zwei Seiten bereit gehabt hat, um je nach Bedarf
bald diese, bald jene erklingen zu lassen, daß ihr neben der
harmonischen Melodie der Freiheit auch die des brutalen Zwanges
keineswegs fremd ist, sobald es die Masseninstinkte, die ja gerade
sie entfesselt, so wollen. Wer sich die erwähnten Erscheinungen
auf der Bühne vergegenwärtigt, wer an die Scenen auf der
Agora und in der Heliäa denkt, an den Pöbel, der immer bereit
war, mißliebige Redner niederzuschreien, der weiß, daß auch die
Demokratie weit davon entfernt ist, jenes natürliche Unkraut im
Busen des Menschen zu ersticken. Sind einmal die Masseninstinkte empfindlich gereizt, so reißen sie alle Schranken nieder,
welche die „Liberalität der demokratischen Gesinnung" dem Geiste
der Gewaltsamkeit gesetzt zu haben schien. Dies zeigt gerade

---

[1]) Thukydides II, 37, 2.

[2]) Grote meint, der Prozeß beweise nicht, daß in Athen eine größere
Unduldsamkeit bestand als irgendwo sonst in Hellas (vol. XIII. 271).
Darauf kommt es aber hier gar nicht an, sondern einzig darauf, ob die
Tötung des Sokrates eine flagrante Verletzung der Lehrfreiheit war oder
nicht. Und dies muß ja derselbe Grote später selbst bejahen! Er sagt
S. 299: The fact stands eternally recorded as one among the
thousand misdeeds of intolerance, religious and political.

das Schicksal des Sokrates. Der Liberalismus der Demokratie erwies sich eben gegenüber der Macht dieser Instinkte am Ende doch nicht stark genug, die „edle Excentriciät" eines Sokrates zu ertragen.

Allerdings bedurfte es noch einer besonderen Unterstützung durch die allgemeine politische Lage, bis die feindseligen Agitationen der Gegner ihr Ziel erreichten. Es kam die Zeit, in der über die Volksherrschaft jene furchtbare Katastrophe hereinbrach, in der ihre Anhänger ins Exil oder in den Tod gehen mußten, bis dann auf den Trümmern der athenischen Macht in heißen Kämpfen und mit schweren Opfern an Gut und Blut der Volksstaat wieder aufgerichtet ward. Eine Entwicklung der Dinge, die gerade in der Massenpsyche tiefgehende Spuren hinterließ. Denn die Überspannung und verbrecherische Ausbeutung des oligarchischen Systems[1]) führte naturgemäß zu einem Rückschlag im entgegengesetzten Sinne: die demokratische Empfindlichkeit muß sich in der Zeit, die auf die Krisis und die Wiederherstellung der Demokratie folgte, wesentlich gesteigert haben. Und dazu kam, daß infolge der Verarmung zahlreicher Elemente der besitzenden Klasse, welche der Krieg und die Gewaltsamkeit der Oligarchie in eine tiefere soziale Schicht hinabgestoßen hatte, das Standesbewußtsein der Armut besonders scharf ausgeprägt, ja zum Teil krankhaft überreizt war. „Die Freiheitsliebe — sagt Plato — macht die Seele der Bürger so reizbar, daß sie, wenn Jemand nur irgend etwas auf ‚Sclaventum' Hindeutendes ihr zumutet, ergrimmt und es sich nicht gefallen läßt".[2]) Alles, was eine öffentliche Stellung einnimmt, muß sich sorgfältig hüten, diese demokratische Empfindlichkeit zu reizen,

---

[1]) Man muß sich Schilderungen vergegenwärtigen, wie die, welche kurz vor dem Prozeß Lysias (κατ' Ἐρατοσϑένους) von den Schandthaten der Oligarchie gibt, um zu begreifen, wie leicht sich Angesichts solcher Erinnerungen die demokratischen Leidenschaften entflammen ließen.

[2]) Staat 563 d. Treffend charakterisiert die Apologie der Situation (37 d): οὐχ οἷοί τε ἐγένεσϑε ἐνεγκεῖν τὰς ἐμὰς διατριβὰς [καὶ τοὺς λόγους] ἀλλ' ὑμῖν βαρύτεραι γεγόνασι καὶ ἐπιφϑονώτεραι, ὥστε ζητεῖτε αὐτῶν νυνὶ ἀπαλλαγῆναι — oder, wie es 39 e heißt — ἀπαλλάξεσϑαι τοῦ διδόναι ἔλεγχον τοῦ βίου.

sonst heißt es gleich: ,Der verfluchte Aristokrat'.[1]) — Daß in dieser Atmosphäre nach der siegreichen Niederwerfung der oligarchischen Reaktion auch die geistige Reaktion gegen die moralischen Grundlagen der Massenherrschaft, wie sie die Sokratik vertrat, nicht unangefochten blieb, das ist nur zu begreiflich.

Die Anklage, die so endlich gegen Sokrates beim Volksgericht erhoben ward, ist denn in der That recht eigentlich Ausdruck des Massenbewußtseins oder unmittelbar auf dasselbe berechnet. Der gefährlichste der drei Kläger, Anytos, ist einer von den Märtyrern und Führern der Demokratie.[2]) Plato sagt von ihm ausdrücklich: Er klagte, weil er gekränkt war wegen der Politiker.[3]) Er war ferner Gewerbsmann (Gerber), gehörte also zu der Klasse, die vor Allen Trägerin der demokratischen Idee war. Und gerade diese Klasse war es ja, deren Selbstgefühl Sokrates durch seine Kritik mit am meisten verletzt hatte.[4]) Die „guten Werkmeister", wie ihn Plato mit einem gewissen Sarkasmus sagen läßt,[5]) die sich, weil sie ihr Handwerk verstanden, ohne weiteres auch für befähigt hielten, über die allerwichtigsten Fragen abzuurteilen, sie hatten es sich gefallen lassen müssen, daß der lästige Kritiker ihnen immer und immer wieder in drastischer Weise den Gegensatz zwischen ihrem technisch-praktischen Können und ihrer sonstigen Unwissenheit vor

---

[1]) Plato Staat 562 c. . . . δημοκρατουμένη πόλις ἐλευθερίας διψήσασα . . . τοὺς ἄρχοντας δή, ἂν μὴ πάνυ πρᾷοι ὦσι καὶ πολλὴν παρέχωσι τὴν ἐλευθερίαν, κολάζει αἰτιωμένη ὡς μιαρούς τε καὶ ὀλιγαρχικούς.

[2]) Plato Menon 90b sagt von Anytos' Vater τοῦτον εὖ ἔθρεψε καὶ ἐπαίδευσεν, ὡς δοκεῖ ᾿Αθηναίων τῷ πλήθει· αἱροῦνται γοῦν αὐτὸν ἐπὶ τὰς μεγίστας ἀρχάς. Vgl. Isokrates geg. Kallim. 23. Θρασύβουλος καὶ Ἄνυτος μέγιστον μὲν δυνάμενοι τῶν ἐν τῇ πόλει, πολλῶν δὲ ἀπεστερημένοι χρημάτων.

[3]) Apol. 23e: ἀχθόμενος . . . ὑπὲρ . . . τῶν πολιτικῶν. Ich sehe keinen Grund, mit Schanz ,πολιτικῶν' als Glosse zu streichen.

[4]) Allerdings wird bei Xenophon Apol. 29 noch ein persönlicher Grund der Abneigung genannt, weil nämlich Sokrates versucht habe, den Sohn des Anytos dem Gerberhandwerk zu entfremden. Aber auch hier wirkt ja zugleich verletztes Standesgefühl mit.

[5]) Apol. 22e: οἱ ἀγαθοὶ δημιουργοί.

Augen führte.¹) Kein Wunder, daß einer aus ihren Reihen
als der Hauptankläger auf den Plan tritt. Und Plato stellt
ja dies Klasseninteresse bei Anytos dem des „Politikers" geradezu
voran.²) Bezeichnend für ihn ist auch der bornierte Haß gegen
alles, was „Sophist" heißt, also gegen alle Lehrer höherer
Bildung,³) woraus Grote wohl mit Recht schließt, daß er ein
Feind alles Unterrichtes war, der über das Gewöhnlichste
hinausging.⁴)

Wenn aber Anytos klagt „von wegen der Gewerbsleute und
der Politiker", so klagt Lykon wegen der „Rhetoren",⁵) d. h.
der gewerbsmäßigen Volks- und Gerichtsredner, eine Kategorie,
zu der ja auch die „Politiker" mitgehören, die aber doch eine
umfassendere Bedeutung hat. Und auch der dritte Kläger,
Meletos, gehört ohne Zweifel zu den Führern der Demokratie.
Er thut sich besonders viel darauf zu gut, daß er ein „Patriot",
ein „Vaterlandsfreund" ist.⁶) Außerdem erscheint er bei Plato
noch als Repräsentant einer besonderen Gruppe, nämlich des
damals für das öffentliche Leben gleichfalls so bedeutungsvollen
dichtenden Literatentums, das Sokrates mit seiner Kritik auch
vielfach gereizt hatte.

Es sind also sämtlich Vertreter des Gruppengeistes oder
des Massendaseins, Massenindividuen,⁷) die als Kläger gegen

---

¹) Ebd. διὰ τὸ τὴν τέχνην καλῶς ἐξεργάζεσθαι ἕκαστος ἠξίου καὶ
τἄλλα τὰ μέγιστα σοφώτατος εἶναι καὶ αὐτῶν αὕτη ἡ πλημμέλεια ἐκείνην
τὴν σοφίαν ἀπέκρυπτεν.

²) Er klagt ὑπὲρ τῶν δημιουργῶν καὶ τῶν πολιτικῶν ἀχθόμενος.

³) Plato Menon 91 f.

⁴) vol. VIII, 273.

⁵) ὑπὲρ τῶν ῥητόρων. Ein Komiker nennt ihn ξενικὸν ἀγορᾶς
ἄγαλμα. Er war also oft auf der Agora zu sehen, gehörte zu den gewerbsmäßigen Rednern und Politikern.

⁶) Apol. 24b: ἀγαθός τε καὶ φιλόπολις. ὥς φησιν. Es ist (trotz
Plato Euthyphron c. 1) wahrscheinlich, daß er mit dem Meletos identisch
ist, den Xenophon Hellen. II, 4, 37 als Vertreter der in der Stadt zurückgebliebenen Demokraten nennt.

⁷) Dies ist natürlich etwas ganz anderes, als das, was Schanz
meint (Einl. S. 17), wenn er die drei Kläger der Apologie als ›Deputati‹
der betreffenden Gruppen auffaßt. — Ich kann auch nach dem ganzen

Sokrates auftreten; und dem entspricht auch durchaus Geist und Inhalt der Klage selbst. Was man „von dem Manne so im Volke sagte",[1] und was dem intellektuellen und moralischen Horizont der „Vielen" entsprach, darauf ist sie recht eigentlich zugeschnitten.

Auf die Masse ist vor allem berechnet, was die Anklage Sokrates in erster Linie vorwarf: Ungläubigkeit gegenüber der Staatsreligion. Auch diese Religion war ja ein Stück Massen= leben. In den Göttern des Polytheismus haben die alten Naturgewalten Gestalt gewonnen, die auf den Menschen in Masse wirken. In ihnen reflektiert sich diese Massenwirkung; und so sind sie recht eigentlich selbst Massenerscheinung. Daher auch die große Rolle, welche hier der Kultus spielt, in dessen Formen, Regeln und Gebräuchen eben der Massengeist sich aus= prägt. Und diesem unpersönlichen, kollektiven Thun und Denken entspricht die die Menge beherrschende Anschauung, daß für diesen von den Göttern geforderten Kult die Gesamtheit solidarisch verhaftet sei, wer ihn schädigt, den Zorn der Himmlischen auf diese Gesamtheit herabzuziehen vermöge. Was konnte es da vor einem Massengericht, wie es die Heliäa war, eine schärfere Waffe gegen einen Angeklagten geben, als die Klage auf Asebie? Wie leicht ließ sich in dem Teil der Bevölkerung, bei dem die Intelligenz die Wirkung übereinstimmender Triebe und Leiden= schaften am wenigsten zurückgedrängt hatte, durch einen Appell an diese religiösen Instinkte eine Massenbewegung hervorzurufen. Kein Wunder, daß in der Demokratie die Verfolgung per= sönlicher oder politischer Gegner öfters gerade diese Form angenommen hat. Es ist eine Spekulation auf die niedrige

Charakter der Stelle unmöglich mit Schanz annehmen, daß hier Plato eine burleske Verspottung beabsichtigte, ähnlich wie Aristophanes mit seiner Dichterdeputation im Gerytades. Die Gruppierung der An= kläger scheint mir vielmehr ganz naturgemäß bedingt durch das, was vorher 22 f. über die drei Gruppen von „Unwissenden" gesagt ist.

[1] ... περὶ ἐμοῦ, ἃ οἱ πολλοὶ λέγουσι Apol. 19 d. Mit Recht be= merkt auch Köchly S. 365, daß noch im Jahre des Prozesses der Wolken= sokrates trotz des Zwischenraumes von 24 Jahren keineswegs vergessen war, zumal da die Athener beliebte Poesien ohne Zweifel auch vielfach gelesen haben.

Intelligenz und den Wahn des großen Haufens. Auch hier hat
also Plato die wirkliche Sachlage vollkommen richtig beurteilt,
wenn er von Meletos sagt, derselbe habe die Anklage auf Religions-
frevel eben deshalb gestellt, weil er wußte, daß „der große
Haufe für derartige Beschuldigungen besonders empfänglich ist".[1] —

Nicht minder deutlich tritt uns diese Tendenz in einer Reihe
von anderen Klagepunkten entgegen, die ebenso, wie der Vorwurf
der Asebie darauf berechnet sind, die sokratische Lehre bei der
Menge zu denunzieren, das Massenempfinden gegen ihn aufzustacheln. So gilt die zweite Hauptklage: „Verderb der
Jugend", vor allem dem Geistesaristokraten, der sich in seinem
Wissensdünkel über alle Anderen erhaben dünkt und der gut-
gläubigen Jugend dieselbe Überzeugung beibringt, daß „neben
ihm die Anderen für nichts zu achten" sind,[2] daß er seine
Hörer „weiser mache, als ihre Väter".[3] Eine geistige Exklusivität,
die dann natürlich, wie die Anklage weiter behauptet, auch in
dem sozialen Verhalten des Mannes zu der verachteten „unwissenden" Menge zum Ausdruck gekommen sein soll. So habe
Sokrates z. B. mit Vorliebe jene Stelle des Homer im Munde
geführt, wo Odysseus das nach den Schiffen eilende Heer zur
Umkehr zu bestimmen sucht, indem er den Führern und Vornehmen höflich zuredet, die Leute aus dem Volke aber grob
anfährt, ja mit dem Scepter schlägt. Diese Verse habe Sokrates
so erklärt, als hätte Homer es gelobt, daß das gemeine und
arme Volk Schläge bekomme.[4] Möglich, daß auch schon bei

---

[1] Euthyphron 3 b: . . . εἰδὼς ὅτι εὐδιάβολα τὰ τοιαῦτα πρὸς
τοὺς πολλούς.

[2] Xenophon Mem. I, 2, 52: Ἀναπείθοντα οὖν τοὺς νέους αὐτὸν
ὡς αὐτὸς εἴη σοφώτατός τε καὶ ἄλλους ἱκανώτατος ποιῆσαι σοφούς,
οὕτω διατιθέναι τοὺς αὐτῷ συνόντας ὥστε μηδαμοῦ παρ᾽ αὐτοῖς τοὺς
ἄλλους εἶναι πρὸς ἑαυτόν.

[3] 49. πειθὼ μὲν τοὺς συνόντας αὐτῷ σοφωτέρους ποιεῖν τῶν πατέρων.

[4] Mem. I, 2, 56 f. Daß Xenophon mit seinem „ἔφη ὁ κατήγορος"
den Wortführer der Anklage vor Gericht im Auge hatte, kann für den
Unbefangenen nicht zweifelhaft sein, ebenso wenig, daß er auch außerhalb
Athens sehr wohl in der Lage war, von der Art und Weise der Begründung der Anklage genügende Kunde zu erhalten. Wer um jeden Preis

dieser Gelegenheit die Verse des Erzjunkers Theognis über die
ohnmächtigen armen Teufel, denen die Zunge gefesselt ist, in
gleicher Weise, wie die Iliasstelle, gegen Sokrates ausgebeutet
wurde;[1] wie ihm denn in der That von dem Ankläger unter
höhnischem Hinweis auf seinen Bildungsstolz die perfide Unter=
stellung gemacht wird, er habe gelehrt, daß der Unwissende
von dem Wissenden mit Fug und Recht gefesselt werden könne![2]

Aber — behauptet die Klage weiter — nicht bloß geistig
und gesellschaftlich habe sich der Mann immer als Aristokrat
gefühlt, sondern er habe auch politisch die Konsequenzen seines
Aristokratismus gezogen. Seine Kritik der demokratischen Los=
wahl z. B. und andere „Reden der Art“ hätten seine Verehrer
zu Verächtern der bestehenden Gesetze gemacht.[3] Insbesondere
müsse dadurch die Jugend zur Mißachtung der Verfassung ver=
leitet und mit dem Geiste übermütiger Gewaltsamkeit erfüllt
werden.[4] Wobei die Anklage nicht verfehlt, auf diejenigen
seiner „Schüler“ hinzuweisen, die über den Staat so großes
Unheil gebracht, wie Kritias, der „habgierigste, gewaltthätigste
und blutdürstigste aller Oligarchen“, und Alkibiades, der sogar in=
mitten der Volksherrschaft die Selbstherrlichkeit des Individuums
auf die Spitze getrieben habe.[5] Ein Hinweis, der, was Kritias

---

das Pamphlet des Polykrates hereinziehen will, der müßte mit Döring
(Die Lehre des Sokrates) annehmen, daß Xenophon diese fingierte Anklage=
rede für die echte gehalten hat! Eine Annahme, die sich aber m. E. von
selbst verbietet.

[1] Bergk 177. Allerdings erwähnt diesen Vorwurf erst Libanios,
wahrscheinlich nach der Anklageschrift des Polykrates. Daß aber Theognis
zu den „ἐνδοξότατοι ποιηταί“ gehört, aus denen Sokrates das „Schlechteste“
herausgenommen haben soll, kann kaum zweifelhaft sein. Er ließ sich
für die Tendenz der Anklage zu gut verwerten!

[2] Xenophon Mem. I, 2, 49. ὡς τὸν ἀμαθέστερον ὑπὸ τοῦ σοφωτέρου
νόμιμον εἴη δεδέσθαι.

[3] Der Ankläger hätte mit Kleon (bei Thukydides III, 37, 4) von
ihnen sagen können: τῶν νόμων σοφώτεροι βούλονται φαίνεσθαι.

[4] I, 2, 9. ὑπερορᾶν ἐποίει τῶν καθεστώτων νόμων τοὺς συνόντας.
Vgl. ebb. τοὺς δὲ τοιούτους λόγους, — ἔφη (sc. ὁ κατήγορος), — τοὺς
νέους καταφρονεῖν τῆς καθεστώσης πολιτείας καὶ ποιεῖν βιαίους.

[5] I, 2, 12.

betrifft, noch eine weitere Verdächtigung enthielt. Denn wenn
Sokrates für die Gewaltsamkeit dieses Blutmenschen verantwortlich
gemacht wurde, die nicht nur in der Vernichtung der Demokratie,
sondern auch ihrer Anhänger die höchste Befriedigung suchte, so
leuchtet ein, daß der allgemeine Vorwurf, Sokrates erziehe die
jungen Leute zur Gewaltthätigkeit, noch den besonderen in sich
schloß, daß er sie zum gewaltsamen Umsturz der Verfassung an-
reize.[1]) In der That wird von dem Kläger geradezu behauptet,
er erziehe die jungen Leute zu einer despotischen Gesinnung,
zur „Herrenmoral", wie wir heute sagen würden, er mache sie
„tyrannisch" (τυραννικούς).[2]

Man sieht: „Tod dem Aristokraten, dem „Volksfeind",[3])
das ist der Ton, auf den dieser Teil der Klagerede gestimmt
ist, und der seine Wirkung kaum verfehlen konnte bei Männern,
die, wie der Sokrates der Apologie von den Geschworenen sagt,
für die Volkssache persönlich schwer gelitten und vor wenig
Jahren erst aus dem Exil heimgekehrt waren.[4]) Und daß dieser
appel au peuple in der That die empfindlichste Seite der
Mehrheit des Volksgerichtes berührte,[5]) das beweist der Epilog,
den später Äschines zu dem ganzen Prozeß in den kurzen Worten
gegeben hat: „Ihr habt, — o Bürger von Athen, — Sokrates,
— den Sophisten, getötet, weil Kritias sein Schüler war, einer
von den Dreißig, welche die Demokratie gestürzt haben".[6])

Aber nicht bloß die Leidenschaften der Masse traten in Anklage und Gericht gegen den großen Reformer auf den Plan;

---

[1]) Mit Recht hat dies daher Polykrates als einen Klagepunkt angenommen. S. Libanios p. 18. 19. 40.

[2]) Xenophon Mem. I, 3, 56. Auch Polykrates nennt Sokrates
τυραννικός. S. Libanios p. 58.

[3]) μισόδημος, wie ihn Polykrates ganz im Tone der wirklichen Klage
nennt. Libanios p. 19.

[4]) 21 a.

[5]) Eine solche Stimmung will nur zu gern ihr Opfer haben! Vgl.
Äschylos, Sieben 1044: τραχύς γε δῆμος ἐκφυγὼν κακά. Welche Empfin-
dung mußte sich bei der Nennung eines Kritias in der Seele dieser
Geschworenen regen!

[6]) In Timarch 173: ... ὅτι ἐφάνη πεπαιδευκὼς ἕνα τῶν τριάκοντα
τῶν τὸν δῆμον καταλυσάντων.

der ganze Prozeß ist auch ein unsterbliches Denkmal des demokratischen Unverstandes, der niederen Intelligenz des großen Haufens. Wenn man sich die groben Mißverständnisse der sokratischen Lehre vergegenwärtigt, von denen die Anklage wimmelt, insbesondere die geradezu aberwitzige Unterstellung, daß Sokrates die poetische Literatur seines Volkes zu einer Um= wertung aller sittlichen Begriffe, ja sogar zur Verteidigung des schlimmsten, um niedrigen Gewinnes willen begangenen Ver= brechens mißbraucht habe,[1] so kann man nur sagen, diese An= klagen sind, wenn ehrlich gemeint, ein trauriges Symptom geistiger Beschränktheit auf Seiten der Kläger; wenn nicht, so zeigen sie in drastischer Weise, wie niedrig dieselben ihr Publikum eingeschätzt haben. Und darin hatten sie jedenfalls Recht! Denn das, was ihnen den Erfolg sicherte, war eben das tiefe geistige Niveau und die moralische Schwäche, welche die souveräne Massenmehrheit zu allen Zeiten kennzeichnet.

Übrigens ist diese Art von Anklage keineswegs eine ver= einzelte Erscheinung in der Geschichte des Volksgerichts. Sie zeigt sich auch darin recht eigentlich als ein Massenerzeugnis, daß sie ganz und gar nach der Schablone gefertigt ist, und zwar nach der, welche vor dem Volksgericht die übliche war. Regelmäßig besteht ja die Taktik der Ankläger darin, die Leiden= schaften der Geschworenen aufzustacheln, sie zur Erbitterung zu reizen, indem sie ein Zerrbild von dem Charakter des Angeklagten entwerfen, ihm womöglich Versäumung der Bürgerpflicht oder undemokratische Gesinnung nachzuweisen suchen. Eine höchst ein= fache Konzeption, die aber eben wegen ihrer Einfachheit und Gemeinverständlichkeit der Stimmung und dem Fassungsvermögen des Massengerichtes durchaus entsprach.

---

[1] Xenophon Mem. I, 3, 56. Was man einem Teil dieses Publikums bieten durfte, das zeigt das Pamphlet des Polykrates, der die gemeinen Verbrechen, zu denen Sokrates angeleitet haben soll, im Einzelnen auf= zählt: Diebstahl, Tempelraub, Betrug, Meineid! (Libanios p. 38). Übrigens hat auch hier die Komödie vorgearbeitet! Denn schon Eupolis (fr. 361. Kock I 355) läßt Sokrates bei einem Gastmahl eine Weinkanne stehlen!

Fünftes Kapitel.

Der Richterspruch der „Polis".

Aber — wendet auch hier wieder die Doktrin ein, — ist es denn wirklich die Masse, die den Spruch that. Ist der Wahrspruch der Geschworenen nicht der Wahrspruch des Volkes, des ganzen Staates? Nach der doktrinären Phraseologie, deren sich leider unser Jahrhundert noch immer nicht entwöhnt hat, allerdings! Für sie sind die Geschworenen in der That das „Land", wie sie noch heute in der Sprache der englischen Geschworenenjustiz heißen, die πόλις, wie der Athener sagte. Aber man sollte doch bedenken, daß nicht die πόλις regiert und richtet, sondern Individuen und Parteien im Namen der πόλις. „Die jedesmal herrschende Partei, — sagt Burckhardt sehr treffend, — benimmt sich völlig so, als ob sie die ganze πόλις wäre und deren ganzes Pathos auszuüben das Recht hätte".[1] Wer sich aber von dem Pathos der Doktrin nicht täuschen läßt, sondern einfach die Sachlage nüchtern beurteilt, wird sich ohne weiteres sagen: Die 220 Geschworenen, welche keine Schuld an dem Manne fanden, konnten doch ebensogut beanspruchen, im Namen von Volk und Staat zu urteilen, wie die 280, welche über ihn das Schuldig sprachen.[2] Warum soll der „Volksgeist Athens", das „privilegierte Gewissen des Volkes"[3] sich nur in den geistig beschränkteren, politisch oder religiös fanatisierten oder dem Gerichteten persönlich verfeindeten Mitgliedern des Schwurgerichts verkörpern und nicht auch in den intelligenteren, gebildeteren, unbefangeneren? Und wie viel hätte gefehlt, daß der Spruch dieser Minderheit zum Wahrspruch des Gerichtshofes geworden wäre! Hätte der Zufall des Loses nur 30 andersgesinnte Geschworene dem Gerichtshof des Archon-König

[1] I, 87.

[2] Ich gebe die Zahlen nach der wahrscheinlichsten Annahme, ohne jedoch Gewicht darauf zu legen. Für uns genügt die Thatsache, daß ebenso Hunderte von Geschworenen für Sokrates, wie gegen ihn stimmten.

[3] Wie Hegel, Gesch. d. Phil. 116, die Geschworenen nennt.

zugeführt, dann wäre die ganze schöne Theorie von dem Verdikt, das der „Volksgeist" und das „Gemeinwesen" über Sokrates gefällt haben soll, von vorneherein unmöglich gewesen! Ja, man hätte aus dem Urteil des Schwurgerichts gerade den entgegen=gesetzten Schluß auf das Verhältnis zwischen Sokrates und seinem „Volke" ziehen müssen. Oder glaubt man bei diesem Stimmenverhältnis, daß das „Schuldig" auch dann das letzte Wort des „Staates" gewesen wäre, wenn es in Athen einen Appellhof gegeben hätte, wie ihn z. B. Hippodamos[1]) als Korrektur des Massengerichts forderte? Kann die ganze Theorie drastischer ad absurdum geführt werden? Warum soll überhaupt die eine Gruppe der Geschworenen hinter der andern so völlig zurück=treten?[2]) Und wenn, warum soll man die Köpfe bloß zählen, und nicht auch wägen? Könnte man nicht mit größerem Recht von der Gruppe, in der Sokrates seine „echten und rechten" Richter sieht, das behaupten, was man jetzt von der Mehrheit behauptet: In Eurem Lager ist Athen, d. h. dasjenige Athen, das ein Kulturstaat ersten Ranges, eine Bildungsschule für Hellas war?

Nun hat ja allerdings nach der bekannten Verhandlung über das Strafausmaß die Mehrheit noch Zuwachs aus der Minderheit erhalten. Ja, es sollen — nach einem späteren Be=richt[3]) — nicht weniger als 80 Geschworene gewesen sein, die über die stolze Haltung des Verurteilten erbittert, nachträglich

---

[1]) S. Aristoteles Politik II, 5, 3 12676.

[2]) Daher ist es auch verkehrt, das Urteil als einen „untilgbaren Flecken auf dem Ehrenschild des athenischen Staates" zu bezeichnen. Als ob ein beliebiger Menschenhaufe der Staat wäre! Mit demselben Rechte könnte man die Maßregelungen eines Wolff, Arndt und so vieler anderer Universitätslehrer des Jahrhunderts als „Flecken auf dem Ehren=schild" der Monarchie erklären, während sie doch nur das Andenken der jeweiligen Träger der monarchischen Gewalt belasten. Wenn man sich doch von den Unklarheiten der tropischen Redeweise endlich frei machen könnte!

[3]) Nach Diogenes Laert. II, 41. Gomperz nimmt die Zahl natür=lich als historisch an. Schanz (zur Apologie 36) ist geneigt, in ihr ein Erzeugnis der Legende zu sehen.

noch zur Mehrheit übergingen, so daß das Todesurteil mit nicht
weniger als 360 Stimmen gefällt worden wäre. So problematisch
diese Zahlenangabe ist, die Möglichkeit, daß es sich so ver=
hielt, kann nicht in Abrede gestellt werden. Und es ist begreiflich,
daß die moderne Sophistik gerade hier, — und zwar nicht ohne
Erfolg, — eingesetzt hat, Sokrates alle Verantwortung für die
Katastrophe zuzuschieben.

Hegel hat den unglaublichen Satz ausgesprochen, er könne
nichts Entehrendes darin sehen, wenn Sokrates sich nach dem
Verdikt der Geschworenen in der üblichen Weise vor dem Ge=
richte gedemütigt hätte. „Denn das Individuum muß sich vor
der allgemeinen Macht bücken, und diese reale, edelste, all=
gemeine Macht ist das Volk"!![1]) Sokrates hätte dem Straf=
antrag des Klägers seinerseits einen solchen entgegenstellen und
damit ausdrücklich den richterlichen Ausspruch über seine Schuld
anerkennen müssen. „Weil die Athener ihn schuldig befunden,
hatte er dies zu respektieren und sich schuldig zu bekennen".
Er hätte mit Antigone sagen müssen: „Wenn dies den Göttern
so gefällt, gestehen wir, daß, da wir leiden, wir gefehlt". Durch
die Verweigerung dieses Zugeständnisses hat er „den Geist, das
sittliche Leben seines Volkes verletzt".[2])

Einer Kritik dieser Paradoxie, die auf die modernen Ge=
schichtskonstrukteure so bestechend gewirkt hat, bedarf es für uns
nicht. Aber nicht bloß im Banne der Spekulation sehen wir
die Fähigkeit zu objektiver Beurteilung völlig verloren gehen,
auch in der modernen Geschichtschreibung und Altertumswissen=
schaft begegnen wir — unter dem Einfluß des politischen
Doktrinarismus — ganz ähnlichen Urteilen. Grote, der Advokat
des Demos, findet alle Umstände des Falls für die Richter
entschuldigend[3]); und Köchly ist sogar der Ansicht, wenn man

---

[1]) Gesch. d. Phil. S. 116. „Bücken" — ein Mann, von dem selbst die
Komödie rühmt: οὗτος μέντοι πεινῶν οὕτως οὐπώποτ᾽ ἔτλη κολα-
κεῦσαι! (Ameipsias fr. 9 Kock I, 672).

[2]) Ebb. 114. 117.

[3]) If we examine the circumstances of the case, we shall
find them all extenuating.

sich auf den Standpunkt der Richter d. h. des athenischen
Staates stelle, so müsse man anerkennen, daß mit der kühnen
Erklärung des Sokrates der Konflikt einen Punkt erreicht hat,
wo es hieß: „Hie Athen, hie Sokrates", und wo man nur
die Wahl hatte, jenes fallen oder diesen sterben zu lassen. Er
habe nicht nur für sich den genannten Strafantrag verweigert,
der seine Pflicht war, sondern auch mit der Erklärung, er sei
vielmehr des Prytaneions würdig, seinen Richtern sowohl, wie
„seinem ganzen Vaterlande den Handschuh ins Gesicht
geworfen" und damit sein ohnehin „schwer heimgesuchtes Volk
zu der grausamen Notwendigkeit seines gewaltsamen Todes ge-
zwungen".[1]) Daß der Gerichtshof ihm überhaupt eine derartige
Redefreiheit gestattet, sei allein Beweises genug für die „gänz-
liche Abwesenheit unwürdiger Leidenschaftlichkeit bei den Richtern",
die „eben nur gethan, was sie nicht lassen konnten".[2])

Diese hochtönende Phraseologie wird schon an der einfachen
Thatsache zu Schanden, daß in Wirklichkeit eben doch nicht weniger
als 140 Geschworene „es lassen konnten", den Justizmord mit-
zubegehen. Und wie absurd erscheint wieder angesichts dieser
Thatsache die Doktrin, daß der Standpunkt „der Richter" der
„des athenischen Staates" gewesen sei. Als ob die Richter
überhaupt nur einen und nicht sehr verschiedene Standpunkte
vertreten hätten, die doch nicht alle gleichzeitig solche des
Staates sein können. Und als ob „die Richter" ohne
weiteres identisch sei mit Mehrheit des Gerichts, hinter der
die doch recht ansehnliche Minderheit einfach in einer Versenkung
zu verschwinden hat. Aber es geschieht den 140 schon recht!
Haben sie doch, — und das ist die weitere Konsequenz dieser
modernen Stubenweisheit, — vor die Wahl gestellt, Athen
fallen oder Sokrates sterben zu lassen, sich für den Fall Athens
entschieden! Arme Demokratie, in deren höchsten Körperschaften
so viele Leute saßen, die entweder Vaterlandsfeinde oder naive

---

[1]) 384. Nach Köchly ein neuer Beweis für die Herzlosigkeit des
Sokrates (!!), der den armen Athenern so etwas nicht angethan hätte,
wenn er „der Liebe gehabt" hätte!

[2]) S. 371.

Thoren waren, die von der „blutigen Beleidigung" des Vater=
lands durch den Angeklagten keine Ahnung hatten!

Übrigens ist es nicht wahr, daß Sokrates die Erfüllung
irgend einer Pflicht „verweigert" hat, die das Gesetz ihm auf=
erlegte. Ob ihn das Gesetz überhaupt zu einer Selbstschätzung
der Strafe verpflichtete, wissen wir nicht,[1]) jedenfalls hat
Sokrates dem Gerichtsgebrauch formell wenigstens dieses Zu=
geständnis gemacht. Er erbot sich — auf den bringenden
Wunsch der Freunde —, eine Geldbuße von 3000 Drachmen
zu leisten,[2]) eine Summe, die man durchaus nicht mit Gomperz
eine bescheidene nennen darf. Sie hätte für Sokrates, der nach
seiner eigenen Erklärung höchstens 100 Drachmen aufzubringen
vermochte, bleibende schwere Verschuldung bedeutet, wenn er das
Geld nicht als Geschenk der befreundeten Bürgen annehmen
wollte. Auch muß man zur Beurteilung der Summe bedenken,
daß das Wohnhaus eines so reichen Mannes, wie des Vaters
des Demosthenes, das neben der Wohnung noch ausgedehnte
Fabrikräume umfaßte, genau denselben Wert hatte, daß ferner
der ganze jährliche Reinertrag seiner mit 33 Arbeitern besetzten
Fabrik auch nicht mehr als 3000 Drachmen betrug.[3]) Eine Ver=
höhnung konnten also die Richter in dem ἀντιτίμημα des An=
geklagten unmöglich sehen.

Daß Sokrates mit diesem bedeutenden Zugeständnis eine
entschiedene Verwahrung in Bezug auf seine Schuldlosigkeit

---

[1]) [Xenophon] Apologie 22 heißt es allerdings „κελευόμενος" ὑπο-
τιμᾶσθαι. Aber das genügt nicht zur Entscheidung der Frage.

[2]) Allerdings sagt die pseudo=xenophontische Apologie (§ 23), Sokrates
habe sich zu keinem ἀντιτίμημα herabgelassen, weil dies ein Schuldgeständnis
gewesen wäre. Allein schon die unmittelbar vorhergehende Bemerkung
über die „συναγορεύοντες φίλοι" des Sokrates beweist eine so völlige
Unkenntnis des Prozeßganges, daß diese wesentlich jüngere und nicht von
einem Augenzeugen herrührende Quelle (vgl. Wilamowitz, Hermes 1897
S. 99) von vornherein verdächtig wird. Auch die Voraussetzung der
Angabe ist falsch. Denn aus Plato sehen wir, daß Sokrates eine Form
des ἀντιτίμημα wählen konnte, welche gerade das Gegenteil eines Schuld=
bekenntnisses war.

[3]) Demosthenes gegen Aphobos I, 9. 816.

verband, konnte auch kein billig Denkender übel aufnehmen, und selbst Gomperz gibt zu, daß sich Sokrates diese Erklärung schuldig war. Dagegen konnte allerdings die Bemerkung über das Prytaneion als Herausforderung wirken. Aber doch nur auf den Teil der Geschworenen, der nicht vornehm und frei genug dachte, um hier einem Sokrates folgen zu können. Besonders Leute des Schlages, dem gegenüber schon ein Xenophanes betonen mußte, daß Geist und Wissen doch etwas mehr bedeute als die Muskelkraft von Mensch und Pferd,[1]) werden es höchst ungnädig aufgenommen haben, wenn der Angeklagte ihnen sagte, er hätte mit seinem langen selbstlosen Wirken von Rechtswegen weit eher jene öffentliche Ehrung verdient, als der nächste beste unter ihnen, der mit Pferd und Wagen in der olympischen Rennbahn gesiegt! Wie sagt doch der alte Heraklit? κύνες καὶ βαΰζουσιν ὃν ἂν μὴ γιγνώσκωσιν.[2])

Auch sonst wird die in diesem Raume gewiß höchst ungewohnte Sprache des Angeklagten, seine „μεγαληγορία", die Vorurteile, Instinkte und Leidenschaften der bunt zusammengewürfelten Menge oft genug heftig gereizt haben. Aber was ist damit für die herrschende Anschauung gewonnen? Wenn die Mehrheit des Gerichts auf diese Reizungen mit einem Todesurteil reagierte, wenn nicht weniger als 80 Geschworene über den von ihnen eben frei Gesprochenen (!) gegen Eid und Gewissen dasselbe Urteil verhängten, einzig deswegen, weil sie sich als Vertreter des souveränen Volkes durch seine kühne Sprache in ihrem Machtdünkel verletzt fühlten und von der leidenschaftlichen Erregung der Versammlung über den vermeintlichen Trotz des Angeklagten mitfortgerissen wurden,[3]) so ist dies doch nur ein neuer drastischer Beleg dafür, daß die Verhängung des Todes-

---

[1]) ῥώμης γὰρ ἀμείνων ἀνδρῶν ἠδ' ἵππων ἡμετέρη σοφίη (Bergk, Poët. lyr. 2, 112.

[2]) Frgm. 115.

[3]) Eine vernichtende Kritik dieses Umschlages und des Urteils überhaupt enthalten die Worte des Sokrates in der Apologie 34 e, τάχ' οὖν τις ταῦτα ἐννοήσας (die Haltung des Angeklagten) αὐθαδέστερον ἂν πρός με σχοίη, καὶ ὀργισθεὶς αὐτοῖς τούτοις θεῖτο ἂν μετ' ὀργῆς τὴν ψῆφον.

urteils ein massenpsychologischer Vorgang ist, das Ergebnis der moralischen und intellektuellen Schwäche der hier zur Entscheidung berufenen Masse, daß man diesem zusammengelaufenen Volks= haufen allzuviel Ehre anthut, wenn man in seinem Vorgehen die Wirkung eines „vollberechtigten Konfliktes" sieht. Es wird erst recht deutlich, daß wir hier geradezu einen typisch reinen Ausdruck dessen vor uns haben, was man sehr treffend „physikalische Massenattraktion" genannt hat, die Wirkung einer Art von Gravitationsgesetz, welches mit elementarer Gewalt große Massenversammlungen beherrscht und auch den Wider= strebenden in seinen Bann zieht.[1])

Man sieht, wie es in der Tragikomödie einer athenischen Gerichtsverhandlung für den Redner vor allem darauf ankam, auf die Massenpsyche zu wirken, und wie es gar nicht anders sein konnte, als „daß die Gerichtshöfe Athens, — um mit der pseudo= xenophontischen Apologie zu reden, — oftmals Unschuldige zum Tode verurteilten, bloß, weil sie durch eine Rede dazu bestimmt wurden, und ebenso oft Schuldige freisprachen, weil diese durch ihre Rede Mitleid zu erregen oder ihnen zu schmeicheln verstanden.[2])

Ausgezeichnet hat den impulsiven Charakter dieser Geschworenen= justiz Plato angedeutet, indem er Sokrates zu seinen Richtern sagen läßt: „Wohl könntet Ihr, gereizt wie ein Schlummernder, den man im Schlafe stört, dem Anytos Gehör geben und darauf losschlagen und leicht mich töten, damit Ihr Euer übriges Leben ruhig fortschlafen könnt, — falls nicht ein Gott aus Fürsorge für Euch einen andern über Euch schickt".[3]) — Überhaupt hat Plato das Wesen dieses angeblich vollberechtigten Konfliktes ungleich zutreffender gekennzeichnet, als irgend ein moderner

---

[1]) Es ist eine schon von Tocqueville in seiner Beurteilung der amerikanischen Demokratie hervorgehobene Thatsache, daß die menschlichen Leidenschaften mit der Zahl der Individuen, welche sie teilen, an Inten= sität gewinnen, daß Jedermann in einer Masse, welche seine Empfindungen teilt, stärker erregt ist, als wenn er dieselben mit sich allein abzumachen hat. Die Leidenschaften werden um so unwiderstehlicher, je mehr Menschen sie gleichzeitig und in der nämlichen Weise empfinden.

[2]) § 4. Vgl. Aristophanes Wespen 640 ff.

[3]) 31 a.

Beurteiler. Ich denke an ein anderes seiner unvergleichlichen Bilder, in welchem er den ganzen Prozeß zusammenfaßt, an die Worte, die er Sokrates im Gorgias in den Mund legt:

„Ich werde gerichtet, wie unter Kindern ein Arzt gerichtet würde, wenn ein Küchenmeister sein Ankläger wäre. Denn wie vermöchte der, vor solche Richter gestellt, sich zu verteidigen, wenn jemand ihn also anklagte: ,Dieser Mann, ihr Kinder, hat Euch viel Übles zugefügt und bringt über Euch, besonders über die Jüngeren, Verderben und macht Euch Not, indem er Euch schneidet, brennt und würgt und abmagern läßt und Euch die bittersten Tränke reicht und Hunger und Durst zu leiden zwingt, während ich dagegen mit Süßigkeiten aller Art Euch letze'. Wollte der in solche Bedrängnis geratene Arzt die Wahrheit sagen: ,Das alles, liebe Kinder, pflegte ich zur Förderung der Gesundheit zu thun'; — welches Geschrei, meinst Du wohl, werden solche Richter erheben? Nicht ein sehr lautes? So etwas würde gewiß auch mir widerfahren, wenn ich vor Gericht erschiene".[1]

Hier ist klar und scharf das erfaßt, was eben im letzten Grunde den ganzen Konflikt hervorgerufen hat: der tiefgehende unüberbrückbare Gegensatz, der einen Sokrates von dem Denken und Empfinden der Masse trennte![2]

Vor dem Forum der gebundenen Geister der freie Geist! Eine Scene von wahrhaft typischer Bedeutung! Denn in ihr kommt die ganze Tragik des Geschickes, das das menschliche Geistesleben im allgemeinen beherrscht, zum erschütternden Ausdruck: die Gebrochenheit, die innere Zwiespältigkeit auch der höchsten Kultur, die isolierte und fremdartige Stellung, welche das höhere, geistige Element überhaupt in der Welt einnimmt. Die Verurteilung des Sokrates ist eben nur eine der zahllosen Äußerungen jener hemmenden, niederzwingenden, vernichtenden

[1] Gorgias 521 e ff. Vgl. 502 e über die Demagogen, welche die Volksversammlung ganz nach jenem Recept aus der Kinderstube behandeln.
[2] Und dieser Sokrates soll, wie Köchly (S. 378) behauptet, nach der Verurteilung „seine Schuld erkannt" haben! Kann es etwas Absurderes geben?

Gewalt, mit der die niedere Schicht menschlichen Seelenlebens überall der vollen Entfaltung des inneren, geistigen Gehaltes der Kultur, der Vernunft und Sittlichkeit entgegenwirkt. Die Tragödie, die sich hier abspielt, wiederholt sich durch die ganze Geschichte der Menschheit hindurch bis auf den heutigen Tag in ewig wechselnden Formen, aber immer mit dem gleichen Ergebnis: der Verkümmerung oder Vernichtung des Hohen und Edlen durch die rohen Gewalten des Lebens, der Zurückdrängung der geistig und sittlich freien Individualität, des freien sich selbst bestimmenden Denkens durch den Herdengeist, kurz der Unterdrückung des rein geistigen Elementes der Volkkultur durch das brutale Schwergewicht des „Gemeinen", welches die Massenpsyche in die Wagschale wirft. Insbesondere tritt hier mit erschreckender Deutlichkeit zu Tage, wie wenig gegenüber der Massenidee der Gleichheit das große Kulturinteresse der Freiheit zu bedeuten hat, wenn der Freiheitsgedanke mit diesem Gleichheitsinstinkt in Konflikt gerät.[1]

Sechstes Kapitel.

Der hellenische Kulturstaat und die Denkfreiheit.

Wir kommen damit auf das Freiheitsproblem, welches von den modernen Beurteilern des Sokrates ebenfalls in rein doktrinärer Weise behandelt wird. Nach Gomperz standen sich in der Sache des Sokrates zwei gleichberechtigte Ansprüche

---

[1] Tocqueville hat bekanntlich (a. a. O.) von der Gegenwart gesagt, daß nicht die Freiheit, sondern die Gleichheit zu den die Massen beherrschenden Ideen des Jahrhunderts gehöre, und daß die Durchführung dieser Gleichheitsidee der politischen Freiheit die größten Schwierigkeiten in den Weg legen werde. Der Prozeß des Sokrates zeigt die Richtigkeit dieser Beobachtung auch für die antike Demokratie.

gegenüber: das „Recht des Gemeinwesens sich zu behaupten und auflösenden Tendenzen entgegenzuwirken" und „das Recht der großen Persönlichkeit", der Staatsgewalt zum Trotz neue Bahnen zu erschließen.[1]) Eine Fragestellung, die von vorne= herein eine verfehlte ist, da auch hier wieder die momentan das Gemeinwesen beherrschende Massenmehrheit ohne weiteres mit diesem selbst identifiziert wird. Als ob es sich hier um einen Kampf gegen den Staat als solchen handelte, gegen die mit den konkreten, jeweilig lebenden Individuen ja keineswegs identische, die Generationen überdauernde Institution und nicht vielmehr um einen Konflikt mit den jeweiligen menschlich = persönlichen Trägern der Staatsgewalt!

In die nüchterne Wirklichkeit übersetzt würde also jenes „Recht des Gemeinwesens" gleichbedeutend sein mit dem „Recht" jeder beliebigen das „Gemeinwesen" vertretenden Regierungs= gewalt, sei sie nun eine absolutistische oder freiheitliche, eine aristokratische oder demokratische, eine plutokratische oder ochlo= kratische! Und in der That entscheidet ja nicht ein Unpersön= liches, das Gemeinwesen, darüber, was als „auflösende Tendenz" zu betrachten sei, sondern immer nur einzelne bestimmte Menschen oder soziale Gruppen, in deren Hand das Gemeinwesen und damit die Macht der Entscheidung ist.

Wenn also der Despotismus, der „keine Raisonneurs" zu Unterthanen haben will, die Freiheit des Wortes verpönt, wenn der hierarchisch beeinflußte Staat die Freiheit des Glaubens und Gewissens unterdrückt, wenn die Pöbelherrschaft die Bildung mundtot macht, weil sie in alledem eine Gefahr für ihre Interessen wittern, so üben sie damit nach Gomperz nur ihr gutes Recht aus, „sich zu behaupten und auflösenden Tendenzen entgegenzuwirken". Zahllose Märtyrer des Geistes, des Glaubens, des Gewissens sind verdientermaßen in den Tod gegangen, weil sie dies wohlbegründete „Recht" gegen sich hatten! Wer die Macht hat, der hat auch das Recht, das ist die logisch un= abweisbare Konsequenz und das praktische Ergebnis dieser Lehre:

---

[1]) Ähnlich Köchly. S. 382.

Sie überliefert die Wissenschaft der Willkür der jeweilig Re-
gierenden und bringt es fertig, auch das, was nichts ist, als ein
Gewaltspruch leidenschaftlicher und zufällig mächtiger Menschen
in eigener Sache, mit dem gleißenden Schimmer des Rechtes
zu umkleiden.

Doch nein! Sagt uns nicht Gomperz, daß die große
Persönlichkeit vollkommen befugt ist, „jedem Aufgebot dräuender
Staatsmacht zu trotzen", d. h. mit anderen Worten, daß die
letztere in dem Moment, wo sie von ihrem Recht, den unbequemen Denker „zum Schweigen zu bringen", Gebrauch macht,
ein völlig gleichwertiges Recht verletzt? Beide, die Macht-
haber, wie ihr Opfer, haben also ein Recht, welches zugleich
nicht Recht ist und nicht realisiert werden kann, ohne zum Unrecht zu werden. — Eine wunderbare Logik, die wieder von neuem
beweist, wie illusorisch der ganze Standpunkt ist, wie wenig
auf diesem Wege eine objektiv-historische Anschauung begründet
werden kann.

Mit den vagen Vorstellungen einer veralteten naturrechtlichen
Metaphysik löst man keine geschichtlichen Probleme. Von einem
aus der Natur der Persönlichkeit und einem aus der Natur des
Gemeinwesens abstrahiertem Recht könnte man nur dann reden,
wenn es ein solches natürliches, d. h. allgemeines, überall gleiches
und unveränderliches Recht überhaupt gäbe!

Postuliert aber ein solches Recht etwa die Gemeinschaft,
die Gattung, die menschliche Natur als solche? Sind es nicht
immer nur Menschen bestimmter Gruppen, eines bestimmten
Volkes oder Zeitalters, Menschen mit geschichtlich gewordenen
Bedürfnissen und Gedanken, auf welche, — ebenso, wie das
geltende Recht, — auch alle Vorstellung enüber das zurückgehen,
was als Recht gelten sollte? Der Inhalt dieses gedachten
oder ersehnten Rechtes ist also ein variabler, hat im Laufe der
Geschichte fast ebenso oft gewechselt, wie die schwankenden
Bildungen des positiven Rechtes. Wie könnte man ihm einen
allgemein giltigen Maßstab für die Beurteilung des geschichtlichen Lebens entnehmen?

Der Historiker wird also in der vorliegenden Frage nicht von einem Kampfe naturgegebener „Rechte" reden. Er wird vielmehr sagen: Wir haben hier einen Konflikt verschiedener Interessen vor uns, des Interesses der herrschenden politischen Partei an der Aufrechterhaltung ihrer Macht und ihres Ansehens und des Interesses des Kulturmenschen an der möglichst freien Bethätigung seiner Persönlichkeit. Daß in diesem Kampfe das Interesse des Stärkeren sich auf Kosten des Schwächeren durchzusetzen suchte, ist begreiflich, aber es ist das eben einfach eine Thatsache des äußeren Lebens, das Ergebnis gewisser Instinkte und Triebe, das als solches mit einer Kulturidee, mit dem Gedanken des Rechtes gar nichts zu thun hat.

Übrigens war ja die Heliäa, in der dieser Interessenkampf ausgefochten wurde, keineswegs bloß Gerichtshof, sondern zugleich eine wesentlich politische Körperschaft, deren Mitglieder in solchen Fällen meist Partei und Richter in Einer Person waren. Es handelte sich daher hier keineswegs um ein rein richterliches Verfahren, einen Kampf ums Recht, sondern ganz überwiegend um eine politische Aktion; und Politik ist ja eine Sache der Macht und der Gewalt! Daher auch die Härte der Strafe, die wie die meisten von der „Polis" verhängten politischen Strafen „das Wesen der Rache und des unbedingten Fertigmachens an sich trägt".[1]

Allerdings wird der Historiker bei der geschichtlichen Würdigung eines derartigen Konfliktes auf ein Werturteil nicht verzichten. Er wird fragen: Welches von den kämpfenden Interessen entsprach in höherem Grade dem der Salus publica oder einem noch allgemeineren, kulturpolitischen Interesse? Und er wird je nach der Antwort das eine Interesse höher bewerten als das andere, ihm eine größere innere Berechtigung oder das höhere „geschichtliche Recht" zuerkennen.

Auch auf dem Standpunkt von Gomperz ergeben sich solche Fragen, aber sie werden von ihm schief formuliert und falsch

---

[1] Nach der Charakteristik dieser Strafjustiz bei Burckhardt a. a. O. I, 88. Daher hat Plato ganz Recht, wenn er in der Apologie 39 c das Todesurteil über Sokrates als Racheakt bezeichnet.

beantwortet, weil er fortwährend die herrschende Partei ohne weiteres im Sinne seiner doktrinären Gesamtauffassung mit dem ganzen Gemeinwesen identifiziert. Weil Sokrates „kein Freund der demokratischen Staatsordnung" war, soll seine Lehre über= haupt „staatsgefährlich" gewesen sein, weil sie dem Interesse der Mehrheit zu widersprechen schien, soll sie auch das Interesse des Staates, die „Lebensinteressen des Gemeinwesens gefährdet" haben. Weil die Vernunft= und Begriffsforschung eine „auflösende Tendenz" gegenüber den traditionellen politischen und religiösen Mächten enthielt, sollte von ihr eine Erschütterung des Staates in seinen Grundfesten, eine Gefahr für den Bestand des gesamten nationalen Wesens zu befürchten sein!

Mit einem solchen quid pro quo kann man aller Geistes= freiheit ein Ende machen.

Und in der That hat ja diese Begründung nur zu oft den durch die Lehrfreiheit bedrohten Interessen als Kampfmittel dienen müssen, indem man eben einfach die „unkorrekt" Denkenden als bewußte oder unbewußte Vorkämpfer der extremsten Richtung hinstellt und dem Umsichgreifen des „Giftes der falschen Lehre" im „öffentlichen Interesse" Einhalt thut.

Gomperz macht es sich doch gar zu leicht, wenn er, um die Notwendigkeit einer Beschränkung der Redefreiheit zu er= weisen und zugleich die Richter des Sokrates gegen den Vor= wurf der Vergewaltigung derselben in Schutz zu nehmen, auf die Gefährlichkeit des Pöbelhaufens hinweist, dem man· geprediget hat, daß jeder Kornhändler ein Blutsauger und das Eigentum Diebstahl sei![1]

Sollte die Vernunft= und Begriffsforschung dem Staats= interesse damals wirklich so gefährlich gewesen sein oder jemals werden können, wie jener Pöbelhaufe für die Häuser der Korn= händler? — Was zunächst das damalige Athen betrifft, so kann doch von einer Schädigung des Gemeinwesens durch Sokrates überhaupt keine Rede sein. Im Gegenteil! Es wäre eine Wohl= that für Athen gewesen, wenn seine Lehre einen realpolitischen

---

[1] II, 90.

Erfolg gehabt hätte, wenn wahrhaft staatliche Gesinnung, Intelligenz und Bildung einen größeren Einfluß auf das öffentliche Leben gewonnen und die Machtsphäre des Unverstandes und der Korruption eingeschränkt hätten. Auch ist ja Sokrates nie ein Agitationsredner gewesen. Sein Unterricht hat stets nur zum Verstand geredet, nie zur Leidenschaft. Er hat mit reinem Sinne der Wahrheit gedient und insoferne auch seinem Volk und Staat.[1]) Wie kann überhaupt eine geistige Bewegung, von der Gomperz selbst anerkennt[2]), daß sie schon in der Gegenwart „praktisch reichen Segen trug" und für die Zukunft des Menschengeschlechts geradezu „unermeßlich segensreich" war, gleichzeitig eine so volksverderberische gewesen sein, wie diese moderne Sophistik behauptet?

Das sokratische Denken ist wissenschaftliches Denken und kennt als solches nur Ein Ziel und Ein leitendes Motiv: Die Wahrheit. Es stellt sich nicht in den Dienst eines Sonderinteresses, enthält also auch keine „Aufreizung zu einer Übelthat", durch die allerdings „selbst Meinungen ihren Freibrief verlieren".[3]) Im Gegenteil! Das wissenschaftliche Denken, das die Wahrheit und nur die Wahrheit will, ist seiner „Tendenz" nach nie gemeinschädlich, sondern wahrhaft gemeinnützig.[4]) Schaden kann nur falsches Denken, welches, vom Scheine bethört, das Handeln auf falsche Wege führt, während das wahre Denken, welches mit begriffsmäßiger Klarheit die Dinge so zu erfassen sucht, wie sie sind, dem Handeln eine Richtung gibt, die der realen

---

[1]) Unmittelbar auf Sokrates und seine Zeit anwendbar ist die Bemerkung von Maine a. a. O. S. 37: „Heutzutage, wo alle alten politischen Vorstellungen durch die Fortschritte des demokratischen Systems verwirrt werden, kann ein tüchtiger Mann seinem Lande keinen besseren Dienst erweisen, als wenn er die Annahmen, die bei der Menge im Umlauf sind, ohne daß Jemand an ihrer Wahrheit und Richtigkeit zweifelt, genau analysiert und richtigstellt".

[2]) II, 63.

[3]) Wie Gomperz mit Stuart Mill (II, S. 90) richtig bemerkt.

[4]) Allerdings darf man es nicht mit der von einem Sohne Schellings unterzeichneten Anklageschrift gegen Lassalle als „die Bedingung der Wissenschaftlichkeit" bezeichnen, überhaupt „keine praktische Tendenz zu haben."

Wirklichkeit konform und daher eine Grundbedingung des Erfolges ist. „Die Dinge sind, wie sie sind und ihre Wirkungen werden sein, die sie sein werden. Wie sollten wir wünschen, uns zu täuschen"?[1]) Wie ist andererseits eine raschere Korrektur des falschen Denkens möglich, als eben in der vollen Freiheit der Diskussion?

Es wird ja nie an denkschwachen Köpfen fehlen, die gerade die Täuschung lieben und die Wahrheit hassen, »l'infausta verità con la vista impura«, durch welche die Menschheit immer unglücklicher werde, weil sie ihr eine Illusion nach der andern raubt. Aber auch die stärkste Illusion kann an der unerbittlichen Wirklichkeit nichts ändern, und zuletzt ist es eben doch immer der harte Zwang der Realitäten, welcher Recht behält.

Daher fällt das wohlverstandene Interesse von Volk und Staat mit dem der Wissenschaft zusammen. Es fordert wie diese freie Bahn für jede ernste Denkarbeit, deren Endzweck die Wahrheit ist; ganz abgesehen von der absoluten Kulturwidrigkeit jedes Versuches, die freie Bewegung der Geister durch äußere Zwangsmittel zu hemmen. „Nur die Decadence flieht das Leben und wünscht den Traum".

Wenn es aber für die Denkarbeit nur Einen Maßstab gibt: die Übereinstimmung des Denkens mit der Wirklichkeit, nicht mit irgend einer äußeren Autorität, so kann es auch kein „Recht" einer solchen Autorität geben, dem wissenschaftlichen Denken auf diesem Wege entgegenzutreten. Die Ausdehnung des Autoritäts- und Gehorsamsprinzipes auf dieses Gebiet, die Verpflichtung zum sogenannten „korrekten" Denken wird von dem Kulturmenschen[2]) nie als die Ausübung eines Rechtes, sondern immer als eine unwürdige Vergewaltigung empfunden werden. Und es ist eine unbegreifliche Verirrung, wenn ein Vertreter der Wissenschaft selbst den Feinden eines Sokrates, weil sie „an

---

[1]) Ein Wort Berkeleys, auf welches im Zusammenhang mit Bacons »natura non vincitur nisi parendo«, Paulsen hingewiesen hat, in der Abh. über die akademische Lehrfreiheit und ihre Grenzen. Preuß. Jbb. 1898 S. 515.

[2]) Nicht bloß von der „großen Persönlichkeit", von der hier Gomperz zunächst spricht.

seiner wahrhaften Liebe zur Verfassung irre wurden" und „eine Gefahr für den Bestand der Religion witterten", ein förmliches „Recht" der kriminellen Verfolgung zugesteht und auch gar nichts Besonderes dabei findet, daß sie sich der furchtbaren Asebieklage bedienten, weil diese, wie er kühl hinzufügt, — die einzige vom Gesetze dargebotene Handhabe war und die heutzutage üblichen Wege, die Entziehung einer Professur, die Einleitung einer Disciplinaruntersuchung, ein Polizeiverbot, Ausweisung oder administrative Verschickung „nicht gangbar" waren![1]

Allerdings kann auf jedem Gebiete, in Politik und Religion ebenso wie in der Wissenschaft selbst die Dialektik und Reflexion auflösend wirken auf Alles, was bloß Glaube, Dogma, „Satzung" ist. „Die Forschung führt die Menschen auf Höhen und in Tiefen, wo auch dem Beherzten der Mut sinken möchte, und wo den Philister Entsetzen ergreift und er sein Kreuzige schreit, gleichviel ob er zur Rechten oder zur Linken zählt."[2] — Aber diese „auflösende Tendenz" enthält nie an und für sich eine Gefahr für Staat und Volk, sondern immer nur der Mißbrauch, der mit den Ergebnissen ernster Gedankenarbeit von einem bereits entarteten und ungesunden Wollen und Empfinden getrieben wird; und dann ist es eben dieses, welches den Verfall von Volk und Staat fördert, nicht die Freiheit der Lehre.

Von einem natürlichen Recht, die Kritik mit Gewaltmitteln zum Schweigen zu bringen, kann aber schon deswegen nicht die Rede sein, weil jene „auflösende" Denkarbeit selbst eine durchaus naturgemäße Erscheinung ist, die auf einer gewissen Stufe der geistigen Entwicklung mit psychologischer Notwendigkeit eintreten muß. Immer wird ja bei geistig höherstehenden Völkern die Zeit kommen, wo die erwachte Reflexion bei den Erscheinungen und Vorgängen des äußeren und inneren Lebens nach Gründen zu fragen beginnt, wo man sich nicht mehr bei den Gründen beruhigt, mit denen die Vertreter der jeweilig herrschenden sozialen, politischen, hierarchischen und

---

[1] Gomperz II, 94.

[2] Kaufmann in der schönen Schrift über die Lehrfreiheit an den deutschen Universitäten im neunzehnten Jahrhundert (1898) S. 32.

religiösen Mächte ihre Interessen zu legitimieren pflegen. Wer
könnte für sich ein „Recht" beanspruchen, diesen naturgemäßen
Verlauf menschheitlicher Kulturentwicklung, der durchaus das
höhere geschichtliche Recht und das allgemeine Interesse für sich
hat, um eines Sonderinteresses willen willkürlich zu unterbinden
und sich damit am staatlichen Wohlfahrtszweck selbst zu ver=
sündigen? Denn darüber kann doch kein Zweifel bestehen, daß
der Staat, der das satte Sichbegnügen am Bestehenden fordert,
damit die Gesellschaft in eine Richtung hineinzwingt, die — wenn
siegreich — notwendig zum Marasmus und zum Verfall führen muß.

Was hat anderseits gegenüber dem von Gomperz stipulierten
Recht der Macht das von ihm ja doch als gleichwertig an=
erkannte Recht · der Persönlichkeit zu bedeuten? Hinter jenem
steht der Henker, der dies letztere — und zwar von Rechts=
wegen — jeden Augenblick illusorisch machen kann! Überhaupt
besteht immer die Gefahr, daß sich hier die Wagschale zu gunsten
des von der Macht vertretenen Interesses senken wird. Gerade
Stuart Mill, auf den sich der Hauptvertreter der hier bekämpften
Anschauungsweise so gerne beruft, hat darauf hingewiesen, daß in
den großen praktischen Angelegenheiten des Lebens die Wahrheit
so sehr eine Frage der Versöhnung und Verbindung von Gegen=
sätzen ist, daß sehr wenige Geister umfassend und unparteiisch
genug sind, um bei der Ausgleichung annähernd das Richtige
zu treffen. Und er schließt daraus, daß die von der herrschenden
Macht vergewaltigte Meinung eine gewisse Präsumption für sich
hat, in diesem Augenblick die vernachlässigten Interessen und jene
Seite der menschlichen Angelegenheiten zu vertreten, welche in
Gefahr ist, in ihrem Rechte verkürzt zu werden. [1)] „Wenn nicht

---

[1)] „Von der Freiheit" Werke I, 48. Vgl. die Äußerungen Mills
über die Notwendigkeit eines Prinzips des Antagonismus in der Ge=
sellschaft, eines Gegengewichtes gegen die jeweilig vorherrschende Macht.
W. XI, 242. Dazu X, 176 über die Bedeutung einer „organisierten
Opposition" gegen die herrschende Macht als Grundbedingung dauernden
Fortschrittes und dauernder Größe. Gomperz selbst hat früher einmal
(zu Heraklit, Wiener Sitzungsber. XII, 1040) auf diese und andere Stellen
Mills hingewiesen. Wie kann er da jetzt ein „Recht" zur Vergewalt=
gung dieser unentbehrlichen Meinungsfreiheit konstruieren?

Meinungen zu gunsten der Demokratie und Aristokratie, des Eigentums und der Vermögensgleichheit, des Zusammenwirkens und der Konkurrenz, des Sozial= und Individualprinzips, der Freiheit und der Ordnung und wie sonst die Gegensätze des praktischen Lebens alle heißen mögen, mit gleicher Freiheit aus= gedrückt, mit gleichem Talent und gleicher Energie geltend gemacht werden können, so ist keine Aussicht vorhanden, daß dem einen Prinzip ebenso sein Recht widerfahren wird, wie dem andern."

Wie hat man nun aber in Althellas über diese Lebensfrage der Kultur gedacht?

Grote meint: Die Überzeugung, daß Dinge wie „Ketzerei" oder „Verbreitung ketzerischer Lehren" in der Jugend kein Gegen= stand richterlicher Erkenntnis sein könne, sei sogar in der modernen Welt sehr neuen Datums. Dem fünften Jahrhundert v. Chr. sei sie völlig unbekannt gewesen. Sokrates selbst würde sie nicht gebilligt haben und gerade sein größter Schüler Plato habe nichts lebhafter gewünscht, als daß eben der Staat be= stimmt, was Orthodoxie und orthodoxe Lehre ist, und daß er unterdrückt, was seinen eigenen Ansichten widerspricht. Dieser Standpunkt Platos aber sei typisch für den aller hellenischen Regierungen, der oligarchischen, wie der demokratischen.[1]

In der That! Die Klageformel: „Sokrates glaubt nicht an die Götter, an die der Staat glaubt", und der Antrag auf Todesstrafe, — sie zeigen klar und deutlich, daß auch die De= mokratie von Athen die Anschauung von dem Berufe des Staates als Hüters der Rechtgläubigkeit nicht zu überwinden vermocht hat. Mitten in den Glanz athenischer Hochkultur wirft hier die Nachtseite des Menschenlebens ihre düstersten Schatten hinein. Es ist ein Stück echt mittelalterlicher Halbkultur, das sich in dieser Klage ausprägt, ein Produkt derselben geistigen Roheit, desselben kulturwidrigen Denkens und Empfindens, welches in dem Satz des Aquinaten zum Ausdruck kommt: »Haeretici

---

[1] H. of Gr. VIII, S. 300. The testimony furnished by Plato is on this point decisive.

possunt non solum excommunicari sed et juste occidi»[1] τίμημα θάνατος!

Allein man sollte doch bei der Beurteilung dieser Klage nicht übersehen, daß der Rechtszustand, auf den sie sich stützt, erst seit einigen Jahrzehnten bestand. Erst seit dem Volks= beschluß des Diopeithes konnte in Athen Unglaube gegenüber der Volksreligion Gegenstand einer öffentlichen Klage werden; und auch dann ist, wie die überraschend freie Diskussion über Sein oder Nichtsein der Gottheit beweist,[2] keineswegs eine irgend= wie konsequente Verfolgung eingetreten. War doch das eigent= lich treibende Motiv jenes Volksbeschlusses nicht einmal ein spezifisch religiöses, sondern ein wesentlich politisches! Ein Motiv, das sich auch unschwer bei allen andern Religionsprozessen er= kennen läßt, die uns aus Athen überliefert sind. Die Religion wird hier gewaltsam in die politischen Streitigkeiten hinein= gezerrt, sie wird zu einem Faktor der Politik, zu einer Waffe im Dienste der Parteileidenschaft, wie wir das auch heutigen Tages genau so wiedererleben würden, wenn der moderne Staat diesen Leidenschaften denselben Spielraum zu gewaltsamer Be= thätigung gewähren würde, wie die hellenische Polis.

Unberechtigt ist es ferner, nach dem Rechtszustand, wie ihn der genannte Volksbeschluß für Athen schuf, ohne weiteres die Verhältnisse der hellenischen Welt überhaupt zu beurteilen. Hat nicht derselbe Mann, der in Athen als gefährlicher Freigeist auf Tod und Leben angeklagt war, in Lampsakos gastliche Auf= nahme gefunden? Der Mann, der Helios entthront und die Wissenschaft „aus den Banden der alten Mythologie vollständig

---

[1]) Thomas v. Aquino II, 2 quaest 11 a, 3. Die Analogie geht so= weit, daß hier, wie in dem Prozeß des Sokrates, gerade die mutige Überzeugungstreue des Märtyrers, oder, — wie es in dem brutalen Jargon dieser recht eigentlich aus dem Massengeist geborenen Strafjustiz heißt, — seine „Hartnäckigkeit" als straferschwerend, als todeswürdig er= scheint: ... si adhuc pertinax inveniatur, ecclesia relinquit eum judicio seculari a mundo exterminandum per mortem! S. ebd.

[2]) Man denke an die Dramen des Euripides, an Kritias u. A.

erlöst" hat,[1]) der „dem Volksglauben gegenüber sogar eine schroff ablehnende Haltung an den Tag gelegt"[2]) haben soll, er ist hier durch ein öffentliches Begräbnis und durch eine öffentliche Feier geehrt worden, welche sich ungestört Jahrhunderte hindurch alljährlich wiederholte. Man hat ihm zu Ehren sogar einen Altar errichtet, der dem „Geist" ($Νοῦς$) oder der „Wahrheit" ($Ἀλήθεια$) geweiht war![3]) Die maßgebenden Kreise der dortigen Bevölkerung haben also in seinem Prinzip der Naturerklärung, welches die Masse in Athen nicht zu „ertragen"[4]) vermochte, eine von Staatswegen zu verfolgende Häresie nicht erblickt! Oder war etwa in Lampsakos dies echt moderne[5]) Prinzip mit dem Göttermythos weniger unvereinbar als in Athen?

Man sieht: an eine auch nur einigermaßen durchgreifende Verwirklichung jenes kulturwidrigen Standpunktes, den Grote als typisch für den hellenischen Staat überhaupt hinstellt,[6]) war hier von vornherein nicht zu denken. Die mythische und religiöse Weltanschauung hatte es ja damals noch nicht zu einem einheitlichen umfassenden Lehrsystem gebracht, welches als unbedingter Maßstab für eine staatlich vorzuschreibende Orthodoxie hätte dienen können. Es gab demgemäß auch keine über den einzelnen Staaten stehende, als gemeinsame Autorität anerkannte Kirche, an der die Geltendmachung einer staatlichen potestas directiva,[7])

---

[1]) Gomperz I, 176.

[2]) Wie Gomperz I, 182 wohl etwas übertreibend behauptet.

[3]) Aelian Variae hist. 8. 19. Vgl. auch ebenda die bezeichnende, von der Regierung veranlaßte Grabinschrift:

$$Ἐνθάδ' ὁ πλεῖστον ἀληθείας ἐπὶ τέρμα περήσας$$
$$Οὐρανίου κόσμου κεῖται Ἀναξαγόρας.$$

[4]) Nach dem Ausdruck Plutarchs Nikias c. 23: $οὐ γὰρ ἠνείχοντο τοὺς φυσικοὺς ... ὡς εἰς αἰτίας ἀλόγους καὶ δυνάμεις ἀπρονοήτους καὶ κατηναγκασμένα πάθη διατρίβοντας τὸ θεῖον.$

[5]) Vgl. die Charakteristik in vor. Anm.

[6]) Obwohl wir von den Hunderten von Stadtstaaten in dieser Hinsicht fast nichts wissen! Was Platos Euthyphron 3 d beweisen soll, auf den sich Grote beruft, ist mir unverständlich.

[7]) Wie sie die modernen Feinde der Lehrfreiheit (in dem Staatslexikon der Görresgesellschaft) als ihr Ideal bezeichnen. Man muß hier die Artikel „Staat" und „Universitäten" gelesen haben, um sich recht

eine Machtpolitik auf geistigem Gebiete einen Rückhalt gefunden
hätte. Die etwa in einer Stadt verfolgte Lehre durfte hoffen,
in einer andern eine Freistätte zu finden. Da es anderseits
im Staate selbst keine Hierarchie gab, und zugleich der Unter=
richt dem freiesten Belieben des Einzelnen überlassen war, so
fehlte es überhaupt an einer äußeren Organisation der dem
freien Gedanken grundsätzlich feindlichen Kräfte. Der entwickelte
hellenische Kulturstaat[1] ist, — wie Burckhardt treffend bemerkt
hat, — ein „im tiefsten Grunde laienhafter Staat“, der sich erst
dann „kirchlich gebärdet, wenn er in Wut gerät“.[2]

Das Bedürfnis der freien Meinungsäußerung, die Bildung
und ihre schönste Blüte, die Toleranz auf geistig=religiösem Ge=
biete, war in den intelligentesten Schichten dieses in vieler Hinsicht
modernen Staates[3] doch zu sehr entwickelt, das soziale Selbst=
bewußtsein der Volkkultur zu weit fortgeschritten, als daß man
ein System negativer oder positiver Regulierung des Gedanken=
lebens auf die Dauer zu ertragen vermocht hätte. Oder glaubt
man wirklich, daß unter Kulturmenschen höchster und freiester
Art, in den Kreisen eines Demokrit, Prodikos, Protagoras,
Anaxagoras, Perikles, Thukydides, Euripides und so vieler
Anderer, ihnen geistig Verbundener die Berechtigung irgend einer

---

bewußt zu werden, wie es mit dem hellenischen Staat und der Entwicklung
der Natur= und Geisteswissenschaften in Hellas bestellt gewesen wäre,
wenn dieser Staat der Anschauung Grotes entsprochen hätte, der sich
durch seine Verteidigung des Demos von Athen dazu verführen läßt,
das Kulturniveau des hellenischen Staates überhaupt so niedrig einzu=
schätzen, daß sich solche Parallelen aufdrängen.

[1] Um den es sich hier natürlich allein handelt.

[2] I, 251 vgl. 250: „Nie und nirgends hat ein so lächerliches Miß=
verhältnis existiert zwischen der Rache für beleidigte oder bezweifelte
Götter und der ethischen und theologischen Geringfügigkeit dieser Götter“.

[3] Wenn allerdings Eduard Meyer kürzlich gesagt hat: „Die Blüte=
zeit des Altertums entspricht der Neuzeit, sie ist wie diese nach jeder
Richtung eine moderne Zeit, in der die Anschauungen herrschen, die wir
als modern bezeichnen müssen“. (Die Sklaverei im Altertum 1898
S. 24), — so möchte ich den Satz in dieser Form nicht ganz unterschreiben.
Daß aber die hellenische Hochkultur einen ungleich moderneren Charakter
hatte, als man gewöhnlich glaubt, das ist gewiß.

politischen oder hierarchischen Autorität anerkannt wurde, gewisse Ansichten und Theorien als ein für allemal feststehend und als Maßstab für alles weitere Forschen hinzustellen? Man braucht diese Namen nur zu nennen, um sofort zu sehen, wie unmöglich die Annahme Grotes ist, daß der hellenische Geist selbst auf solcher Höhe geistiger Reife einen so eminent kultur= widrigen Begriff, wie den der „Ketzerei" oder „Häresie" nicht zu überwinden vermocht hätte! Und kann es in einem Volke, welches in seinen besseren Elementen dem Denken und Forschen eine solche Empfänglichkeit und eine solche Teilnahme entgegen= brachte, an Regierungen gefehlt haben, die sich gegenüber diesem größten Kulturinteresse der Nation auf den Standpunkt der Intelligenz stellten?

Man hat von der hellenischen Civilisation gesagt, sie sei in mancher Hinsicht die edelste Ausprägung, welche die Volkkultur bisher gefunden. Daß sie dies war, verdankt sie eben wesent= lich der Befreiung der spekulativen Intelligenz von allen bloß traditionellen, gewohnheitsmäßigen Autoritäten; und diese „Be= freiung des Menschen" wäre hinwiederum nicht möglich gewesen ohne eine sehr weitgehende, echt moderne Freiheit der Meinungs= äußerung in Wort und Schrift.[1]) Eine Freiheit, wie sie die Welt erst wieder in unserem Jahrhundert erlebt hat.

In Hellas hat das Wissen zuerst die dumpfe Schwelle der Tempel überschritten, hat der übermächtige Drang nach geistiger Freiheit die Natur= und Geisteswissenschaften erzeugt und mit ihnen jene Atmosphäre der Freiheit, in der sie allein gedeihen und sich entfalten können. Die Seele dieser Civilisation ist der intellektuelle Fortschritt, während die Bethätigung eines Regierungs= prinzips, wie es Grote als das überall in Hellas herrschende hinstellt, einer Civilisation entsprechen würde, deren Seele die Beständigkeit, der Stillstand ist. Wenn übrigens alle Regie= rungen so freiheitsmörderisch gedacht hätten, wie hätte dann ein Anaxagoras Freund des Perikles, ein Euhemeros Günstling Kassanders sein können?

----

[1]) Wie frei thatsächlich die Praxis war, gibt ja auch Grote zu, wenngleich mit ganz willkürlicher Beschränkung auf Athen.

Daß da, wo die Wissenschaft sich mit der Religion und der Politik berührte, Konflikte mit den äußeren Autoritäten nicht ausblieben, ist selbstverständlich. Sie bleiben ja auch der modernen Welt nicht erspart. Aber wenn auch derartige Konflikte durch die Leidenschaftlichkeit des Massen= oder Gruppengeistes zuweilen eine gewaltsame Form annehmen, zu einem dauernden Druck auf das geistige Leben haben sie — in den fortgeschritteneren Staaten wenigstens — nicht geführt. Dies geistige Leben war zu reich, zu mannigfaltig, zu gewaltig, als daß es von einer einzelnen Instanz aus hätte gemeistert werden können. Wer hätte — noch dazu von der engen Basis des Stadtstaates aus! — hoffen dürfen, die übermächtige, von Thales bis Aristoteles ununterbrochen und unaufhaltsam fortschreitende geistige Strömung einzudämmen, die so unendlich erfolgreiche Wirksamkeit einer schier unerschöpflichen Menge von Denkern ersten Ranges durch Statuten und Verbote zu paralysieren?

In der That hat sich das, was in diesem Denken und Dichten und Forschen an „auflösenden“ Tendenzen lag, so intensiv und solange geltend zu machen vermocht, bis überhaupt nichts mehr „aufzulösen“ war, bis alle Erscheinungen und Begriffe des Rechts= und Staatslebens, der Sitte und Religion auf ihre Berechtigung hin geprüft und als ein Gewordenes, als das Ergebnis einer geschichtlichen Entwicklung erkannt und dargestellt waren. Konnten doch sogar die extremsten Ideen eines rationalistischen Doktrinarismus, wie z. B. die Lehre von der Unverbindlichkeit des Gesetzes oder von der Entstehung der Religion durch Gewalt und Priestertrug, die ausschweifendsten kommunistischen und sozialistischen Phantasien in Wort und Schrift verkündet und weithin verbreitet werden! Kann überhaupt selbst heutigen Tages in Metaphysik und Ethik, in Staats= und Sozialtheorie noch irgend etwas Kühneres gesagt werden, als das, was hellenische Denker und Dichter bereits zu denken und zu sagen gewagt haben? Gewiß das sprechendste Zeugnis dafür, daß die gelegentlichen Angriffe auf das freie Wort alles Zusammenhanges und aller nachhaltigen Kraft entbehrten.

Gegenüber diesen Thatsachen des Lebens kann der Standpunkt eines Einzelnen gar nichts beweisen, am wenigsten derjenige Platos. Denn Platos Erörterungen über die Lehrfreiheit bewegen sich so durchaus auf dem Boden der Theorie und entfernen sich andererseits in ihren Ergebnissen so weit von den Voraussetzungen der Wirklichkeit, daß sie auf die Praxis der damaligen Regierungen oder auf den Standpunkt der damaligen Intelligenz überhaupt einen genügenden Schluß nicht zulassen. Plato ist sozialistischer Doktrinär. Sein Zukunftsstaat kann, ohne sich selbst zu negieren, unmöglich Freiheit des Denkens und Glaubens gewähren. Denn die Grundlage, auf der dieser Staat beruht, ist die unbedingte „Einheitlichkeit" der Gesinnung, wie der Gedankenwelt all seiner Bürger, ein Kollektivgeist, der nur zu erhalten ist, wenn auch das geistig-persönliche Leben von der allmächtigen Staatsgewalt geregelt und beherrscht wird. Eine Konsequenz, der sich ja auch der moderne Sozialismus nicht zu entziehen vermag!

Wie ganz anders aber mußten die Vertreter der höchsten Geistesbildung dem bestehenden Staate gegenüber empfinden! Es war ja eine Bildung, die — getragen von einer Fülle ebenso genialer wie verschiedenartiger Begabungen, — aufs Höchste individualisiert war, und deren Wert so ganz wesentlich auf dieser Individualisierung und der freiesten Entfaltung und Bethätigung der Persönlichkeit beruhte. Wie wäre z. B. die ganze Lehrthätigkeit Platos mit ihren sowohl der bestehenden Staats- und Gesellschaftsordnung, wie der volkstümlichen Mythologie durchaus feindlichen Lehrzielen ohne eine weitgehende Lehrfreiheit überhaupt möglich gewesen? Daher ist auch Plato selbst auf dem Boden der Wirklichkeit für diese Freiheit der Lehre so entschieden wie möglich eingetreten! Er nennt es in der Apologie ein nicht nur schwer anwendbares, sondern auch unschönes Auskunftsmittel, wenn der Staat eine unbequeme Kritik durch Unschädlichmachung ihrer Urheber niederschlage.[1] Und ebenda hat er durch den Mund des Sokrates dem Grund-

---

[1] 39d.

sah der Lehr- und Gewissensfreiheit eine klassische Formulierung gegeben. Er setzt den Fall, der Gerichtshof würde Sokrates freigeben unter der Bedingung, daß er künftighin schweige und sich ruhig verhalte, daß er auf Forschung und Kritik verzichte; worauf dann Sokrates erwidert: „Das ist unmöglich; denn es wäre Ungehorsam gegen Gott. Und ich werde dem Gotte mehr gehorchen als Euch".[1] Zudem wäre es ein Verzicht auf das höchste · menschliche Glück, wie es eben nur ein der Forschung geweihtes Leben gewähren kann.[2] — Wer kein Verständnis für diese Auffassung hat, das ist, wie an derselben Stelle wiederholt betont wird, der Richterpöbel, der seine Macht dazu mißbraucht, den Denker dieses Rechtes und dieses Glückes zu berauben. Und gegen diese Neigung der Massenmehrheit hat sich ja Plato auch sonst abfällig genug geäußert. Man erinnere sich nur der bereits erwähnten verächtlichen Äußerung über die Empfänglichkeit des großen Haufens für die Asebieklage!

Wie man demnach auch immer in den Kreisen der höchsten Intelligenz über die Grenzen der Lehrfreiheit gedacht haben mag, einig war man hier jedenfalls in der Abwehr von Angriffen, wie sie den kulturwidrigen Instinkten der Masse und ihrer Hintermänner entsprangen.

Übrigens sind für den kulturpolitischen Standpunkt des athenischen Staates denn doch Intelligenz und Bildung in höherem Grade maßgebend gewesen, als die Masseninstinkte. Wie hätte sonst Athen werden können, was es geworden ist: die Heimstätte aller Wissenschaft,[3] der Brennpunkt des geistigen Lebens der Nation?

---

[1] 29 d. πείσομαι δὲ μᾶλλον τῷ θεῷ ἢ ὑμῖν καὶ ἕωσπερ ἂν ἐμπνέω καὶ οἷός τε ὦ, οὐ μὴ παύσωμαι φιλοσοφῶν. Dies Recht der Kritik folgt übrigens schon aus der sokratischen Anschauung von dem höheren Recht der vernünftigen Einsicht gegenüber der Unvernunft, wie sie ja nach seiner Ansicht gerade in den damaligen Trägern der Staatsgewalt verkörpert war.

[2] 37 e. Vgl. auch den Preis des jenseitigen Lebens, wo die Ausübung der Denkfreiheit nicht mehr mit dem Tode bedroht ist. 41 c.

[3] Nach dem schönen Wort von Kaibel, Wissenschaft und Unterricht 1898 S. 9.

Man vergegenwärtige sich, was allein die Reception der jonischen Wissenschaft in Athen zu bedeuten hatte, von der z. B. Wilamowitz[1]) gesagt hat, daß sie „die Kette jedes Herkommens, jeder Konvention gebrochen", für Religion, Recht und Sitte eine neue, der Vernunft genügende Begründung gefordert und „auf die bestehenden Staaten nur zerstörend gewirkt" habe! Wenn auch letztere Behauptung eine maßlose Übertreibung ist,[2]) so enthielt doch diese jonische Wissenschaft immerhin so viele „auflösende Tendenzen", daß es von vornherein undenkbar erscheint, eine Regierung, die systematisch über die Korrektheit des Denkens wachte und dieselbe zu erzwingen jederzeit bereit war, habe es ruhig mit angesehen, wie die athenische Bildung sich so ganz und gar mit dem Geiste dieser Wissenschaft erfüllte. Die periklejsche Staatsleitung, unter der die Reception hauptsächlich erfolgte, war eben weit entfernt, eine solche Regierung zu sein.

Wenn Katastrophen, wie die, welche die Gedankenfreiheit in der Person des Sokrates erlitt, das Ergebnis allgemein anerkannter Regierungsprinzipien gewesen wäre, so hätte sich das athenische Gemeinwesen gegen die Gesamtentwicklung des geistigen Lebens abschließen, gegenüber den fortschreitenden Kräften der Zeit seinen Stillstand erklären müssen. Es hätte der religiösen und politischen Orthodoxie auch fernerhin gegen alle Ketzereien auf ihrem Gebiet seine Zwangsgewalt zur Verfügung stellen müssen; und das Endergebnis einer solchen Politik der Eng= herzigkeit und Krähwinkelei wäre eine Verarmung des geistigen Lebens Athens gewesen; vieles von dem, was der attische Genius an wertvollen Möglichkeiten in sich enthielt, wäre — hier wenig= stens — nimmermehr ans Tageslicht gekommen.

Nun ist aber von einer solchen Repressivpolitik in dem Athen des vierten Jahrhunderts nichts zu erkennen. Vereinzelte Rückschläge — aus politischen und persönlichen Gründen — kamen ja vor. Aber von irgendwie durchgreifenden Versuchen,

---

[1]) Weltperioden (1897) S. 9.
[2]) Sie entspricht ganz der auch von Gomperz vertretenen Anschau= ungsweise.

das geistige Leben auf ein bestimmtes Maß und auf bestimmte
Richtungen zu beschränken, ist keine Rede.

Plato selbst ist ein klassischer Zeuge für diese Freiheit. Er
legt in der Apologie seinem Meister die Erklärung in den Mund:
das Todesurteil sei zweckwidrig und überflüssig. Denn nach
seiner Hinrichtung würden ihm aus der jüngeren Generation
zahlreiche Vorkämpfer seiner Gedanken erstehen, deren Kritik den
Athenern noch weit schärfer zu Leibe gehen werde, als die
seinige. Eine Niederschlagung dieser Kritik aber durch Ver=
nichtung ihrer Urheber würde „nicht wohl möglich und zudem
unwürdig" sein.[1]   Die Prophezeiung setzt also voraus, daß
die Redefreiheit auch nach dem Tode des Sokrates sich siegreich
behaupten werde; und diese Voraussetzung stützt sich ihrerseits
wieder darauf, daß in einem Kulturstaat die ultima ratio der
blutigen Gewalt in Sachen des Geistes auf die Dauer eben nicht
anwendbar sei.

Und in der That: die von Sokrates begründete Schule von
Athen hat sich in einer Freiheit entwickeln können, wie sie erst im
Zeitalter der modernen deutschen Universitäten wiedergekehrt ist.
Hier erstand eine Freistätte der Forschung und Kritik, wo die
Jugend von Athen und Hellas lernen konnte, völlig unabhängig
von mythologischer, sozialer, politischer Tradition in der Welt
sich zu orientieren, durch selbständige individuelle Geistesarbeit
und stetig wachsende Energie in der denkenden Bearbeitung der
Welt sich hoch über das Massenleben zu erheben. Der erlösende
und befreiende Gedanke konnte hier seine volle Wirksamkeit ent=
falten, ohne durch Verfolgungen von Seiten der in diesem
Kollektivleben wurzelnden Mächte behindert zu sein, trotz der
rücksichtslosen Kühnheit der Angriffe gegen tiefgewurzelte In=
stitutionen und Meinungen, die in Wort und Schrift von der
Akademie und später auch vom Lykeion ausgingen.

Allerdings nimmt hier die Mitteilung des Wissens eine
andere Form an. Sie ist nicht mehr in der Weise wie die
Lehre des Sokrates für „Jedermann" und die breiteste Öffent=

---

[1] 39 d. οὐ γάρ ἐσθ᾽ αὕτη ἡ ἀπαλλαγή, οὔτε πάνυ δυνατή οὔτε καλή.

lichkeit da,[1]) sondern wendet sich zunächst an die Genossen der Schule. Eine Wandlung, durch welche natürlich zahlreiche Anlässe zu Konflikten, insbesondere zu Reizungen der Massenpsyche in Wegfall kamen. Aber war der Unterricht in dieser seiner akademischen Form für die Richtungen, denen ein Sokrates zum Opfer fiel, etwa weniger gefährlich? Enthielt er weniger „auflösende Tendenzen", weniger Gelegenheit zur „Verführung der Jugend", zumal wenn die Verbreitung durch die Schrift hinzukam?[2])

Unwillkürlich hat Gomperz selbst in seinem schönen Epilog zur Lebens= und Leidensgeschichte des Sokrates der Freiheit dieser Zeit ein beredtes Zeugnis ausgestellt. „Der tote Sokrates, — sagt er,[3]) — ist auferstanden nicht nur in den Schulen, sondern auch in den Schriften seiner Jünger, die nicht müde wurden, den verehrten Meister in Person auftreten, auf dem Marktplatz und in den Turnschulen mit Jung und Alt verkehren zu lassen, wie er es im Leben gewohnt gewesen war. So hat er denn in Wahrheit zu lehren fortgefahren, selbst nachdem er zu leben aufgehört hatte". — Und, — dürfen wir hinzufügen, — der athenische Staat hat alledem ruhig zugesehen, ohne dabei irgendwie Schaden zu nehmen![4])

Enthält nicht diese Thatsache allein ein vernichtendes Urteil über den Justizmord des Jahres 399 und — seine modernen Apologeten?

---

[1]) Das ἐκκεχυμένως παντὶ ἀνδρὶ λέγειν des Sokrates hört auf. S. Plato Euthyphron 3 d.

[2]) Nach Köchly (S. 372) soll ja Plato dem athenischen Staate ebenso geschadet haben wie Sokrates. Warum hat man ihn in Ruhe gelassen? Die Erklärung Plutarchs im Nikias a. a. O. ist doch keine Erklärung!

[3]) II, 95.

[4]) Und dies, obwohl Sokrates für die demokratischen Doktrinäre immer ein Popanz blieb. Vgl neben der oben S. 102 erwähnten Äußerung des Äschines diejenige des Demochares (des Neffen des Demosthenes) in seiner Rede gegen die Philosophenschulen: „So wenig, wie sich aus einem Thymianstengel ein brauchbarer Lanzenschaft herstellen läßt, so wenig kann man aus einem Sokrates einen tadellosen Krieger machen, noch auch wird sich durch Reden, wie die seinigen, ein tüchtiger Mann heranbilden lassen!" (οὔτ᾽ ἐκ τοιούτων λόγων ἀνὴρ ἀγαθὸς γίνεται.) S. Athenäos V, 187 d und 215 c.

Es muß nach alledem als eine völlig ungeschichtliche An=
schauung zurückgewiesen werden, wenn der neueste Spectator-
Brief jenen Standpunkt des modernen Sozialdemokratismus,
der „die individuelle Gewissensfreiheit vernichtet und das Ge=
wissen des Einzelnen dem unterworfen sehen will, was man
Gemeinwesen, Volkswillen oder Staat genannt hat", als „den
innersten Gedanken des antiken Paganismus" bezeichnet.[1]) Der
Satz ist nicht richtiger, als soviele andere Erfindungen von Theo=
logen, die, — wie Eduard Meyer treffend bemerkt hat, —
„eine Folie für das Christentum brauchen" und alle möglichen
artmachenden Unterschiede zwischen antiker und christlicher Welt
konstruieren, die in dieser Weise nie bestanden haben.

Wenn der Spectator meint, daß hier der Punkt ist, wo
das innerste Wesen des Christentums und sein Gegensatz zum
Heidentum sich offenbart, so ist dem gegenüber zu bemerken,
daß das Prinzip der Denk= und Lehrfreiheit eine Errungenschaft
des antiken Geistes ist, und daß die Verwirklichung dieses Prinzips
in der christlichen Welt jedenfalls nicht geringeren Widerständen
begegnet ist, als in der antiken. Wenn, — wie der Spectator
meint, — Konstantin an der milvischen Brücke „im Zeichen der
christlichen Freiheit über den Druck der paganistischen Staats=
omnipotenz gesiegt hat", warum ist von dieser Freiheit um so
weniger zu erkennen, je mehr der Staat sich christianisiert? Oder
ist etwa die schnöde Vergewaltigung der Schule von Athen im
Jahre 529, das Gebot, daß fortan „in Athen Niemand
mehr Philosophie lehre" (μηδένα διδάσκειν φιλοσοφίαν!)[2])
eine „heidnische" That gewesen? Und haben nicht alle christ=
lichen Priesterkirchen, sowohl die römische, wie die griechisch=
orientalische und alle Reformatoren, Luther, Zwingli, Calvin
und Melanchthon das Prinzip der Machtpolitik auf geistig=
religiösem Gebiete vertreten? Noch ein Goethe ist auf die
Konkordienformel vereidigt worden;[3]) und wie lange ist es her,

[1]) Beilage z. Allgem. Ztg. 1899, Nr 55, S. 5.
[2]) Malalas 18. 451. 16 ed. Bonn.
[3]) Thudichum, Rechtgläubigkeit und Aufklärung im 18. Jahrhundert.
Beilage zur Allgem. Ztg. 1899 Nr. 39.

daß Rom dem schon von Sokrates vor den Geschworenen Athens verteidigten Freiheitsprinzip mit der Erklärung entgegentrat, daß die Freiheit des Glaubens und der Meinungsäußerungen Sitten= losigkeit und die Pest des Indifferentismus erzeugt?[1]

In Wahrheit liegt also die Sache so, daß, soweit sich in der antiken oder modernen Welt die geistige und sittliche Lebens= anschauung der Vollkultur Geltung verschafft hat, die Freiheit des Denkens und Glaubens in weitem Umfang gewahrt erscheint, soweit dagegen der Massen= und Gruppengeist und die Leiden= schaft der Parteien sich durchzusetzen vermocht hat, damals wie heute diese Freiheit in Frage gestellt ist. Und so wird es auch in Zukunft sein, solange der Streit der Meinungen zugleich ein Kampf der Interessen und Leidenschaften bleiben wird. Auch von der Leidensgeschichte des menschlichen Geistes gilt das thukydideische Wort: ἐπέπεσε πολλὰ καὶ χαλεπά ..., γιγνόμενα καὶ ἀεὶ ἐσόμενα, ἕως ἂν ἡ αὐτὴ φύσις ἀνθρώπων ᾖ. Solange diese Menschennatur dieselbe bleibt, werden die Parteien, — ob christlich oder nicht christlich, — im Besitze der Macht immer wieder der Versuchung erliegen, die alte Frage der Menschheit: „Was ist Wahrheit?" dahin zu beantworten: „Wahr ist, was uns gefällt; wer anders lehrt, verdirbt die Jugend".[2]

Auch in dieser Hinsicht ist der Prozeß des Sokrates ein Ereignis von typischer Bedeutung!

---

[1] Syllabus 79.
[2] Vgl. die treffenden Bemerkungen Paulsens „über Parteien und Parteipolitik". Preuß. Jbb. 1899, S. 393 ff.

**THIS BOOK IS DUE ON THE LAST DATE
STAMPED BELOW**

AN INITIAL FINE OF 25 CENTS

WILL BE ASSESSED FOR FAILURE TO RETURN
THIS BOOK ON THE DATE DUE. THE PENALTY
WILL INCREASE TO 50 CENTS ON THE FOURTH
DAY AND TO $1.00 ON THE SEVENTH DAY
OVERDUE.

JUL 17 19

7Feb'64ZF

REC'D LD

JUL 31 '64 -11 AM

Lightning Source UK Ltd.
Milton Keynes UK
UKHW010627180119
335699UK00005B/189/P